바로보인

전 傳
등 燈
록 錄

15

농선 대원 역저

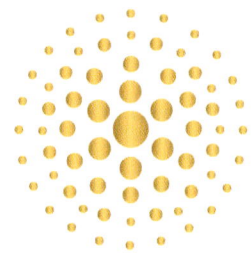

이 원상은 농선 대원 선사님께서 직접 그리신 것으로 모든 불성이 서로 상즉해 공존하는 원리를 담은 것이다.

선 심(禪心)

누리 삼킨 참나를
낙화(落花)로 자각(自覺)
떨어지는 물소리로 웃고 가는 길
돌에서 꽃에서도 님이 맞는다

 정맥 선원의 문젠 마크는 농선 대원 선사님께서 마음을 상징하는 달(moon)과 그 마음을 깨달아 마음이 내가 된 삶인 선(zen)을 평화의 상징인 비둘기로 형상화 하신 것이다.

교조 석가모니 부처님과
부처님으로부터 직계로 내려온
불조정맥 78대 조사들의
진영과 전법게

 불조정맥

　불조정맥이란 석가모니 부처님으로부터 현 78대 조사에 이르기까지 스승에게 깨달음의 인증인 인가를 받아 법을 전하라는 부촉을 받은 전법선사의 맥이다. 여기에 실린 불조진영과 전법게는 농선 대원 선사님께서 다년간 수집 정리하여 기도와 관조 끝에 완성하여 수립하신 것이다. 각 선사의 진영과 함께 실린 전법게는 스승으로부터 직접 전해 받은 게송이다. 단, 석가모니 부처님 진영에 실린 게송은 석가모니 부처님의 게송이다.

교조 석가모니 부처님

환화라고 하는 것 근본 없어 생긴 적도 없어서	幻化無因亦無生
모두가 스스로 이러-해서 본다 함도 이러-하네	皆則自然見如是
모든 법도 스스로 화한 남, 아닌 것이 없어서	諸法無非自化生
환화라 하지만 남이 없어 두려워할 것도 없네	幻化無生無所畏

제1조 마하가섭 존자

법이라는 본래 법엔 법이랄 것 없으나	法本法無法
법이랄 것 없다는 법, 그 또한 법이라	無法法亦法
이제 법이랄 것 없음을 전해줌에	今付無法時
법이라는 법인들 그 어찌 법이랴	法法何曾法

제2조 아난다 존자

법이란 법 본래의 법이라	法法本來法
법도 없고 법 아님도 없으니	無法無非法
어떻게 온통인 법 가운데	何於一法中
법 있으며 법 아닌 것 있으랴	有法有非法

제3조 상나화수 존자

본래의 법 전함이 있다 하나	本來付有法
전한 말에 법이랄 것 없다 했네	付了言無法
각자가 스스로 깨달으라	各各須自悟
깨달으면 법 없음도 없다네	悟了無無法

제4조 우바국다 존자

법 아니고 마음도 아니어서	非法亦非心
맘이랄 것, 법이랄 것 없나니	無心亦無法
마음이다, 법이다 설할 때는	說是心法時
그 법은 마음법이 아니로다	是法非心法

제5조 제다가 존자

마음이란 스스로인 본래의 마음이니	心自本來心
본래의 마음에는 법 있는 것 아니로다	本心非有法
본래의 마음 있고 법이란 것 있다 하면	有法有本心
마음도 아니요 본래 법도 아니로다	非心非本法

제6조 미차가 존자

본래의 마음법을 통달하면	通達本心法
법도 없고, 법 아님도 없도다	無法無非法
깨달으면 깨닫기 전과 같아	悟了同未悟
마음이니, 법이니 할 것 없네	無心亦無法

제7조 바수밀 존자

맘이랄 것 없으면 얻음도 없어서	無心無可得
설함에 법이라 이름할 것도 없네	說得不名法
만약에 맘이라 하면 마음 아님 깨달으면	若了心非心
비로소 마음인 마음법 안다 하리	始解心心法

제8조 불타난제 존자

가없는 마음으로	心同虛空界
가없는 법 보이니	示等虛空法
가없음을 증득하면	證得虛空時
옳고 그른 법이 없다	無是無非法

제9조 복타밀다 존자

허공이 안팎 없듯	虛空無內外
마음법도 그러하다	心法亦如此
허공이치 요달하면	若了虛空故
진여이치 통달하네	是達眞如理

제10조 파율습박(협) 존자

진리란 본래에 이름할 수 없으나	眞理本無名
이름에 의하여 진리를 나타내니	因名顯眞理
받아 얻은 진실한 법이라고 하는 것	受得眞實法
진실도 아니요, 거짓도 아니로세	非眞亦非僞

제11조　부나야사 존자

참된 몸 스스로 이러-히 참다우니　　　眞體自然眞
참됨을 설함으로 인해 진리란 것 있다 하나　因眞說有理
참답게 참된 법을 깨달아 얻으면　　　領得眞眞法
베풀 것도 없으며 그칠 것도 없다네　　無行亦無止

제12조　아나보리(마명) 존자

미혹과 깨침이란 숨음과 드러남 같다 하나　迷悟如隱顯
밝음과 어둠이 서로가 여읠 수 없는 걸세　明暗不相離
이제 숨음이 드러난 법 부촉한다지만　　今付隱顯法
하나도 아니요, 둘도 또한 아니로세　　非一亦非二

제13조　가비마라 존자

숨었느니 드러났느니 하지만 본래의 법에는　隱顯卽本法
밝음과 어두움이 원래에 둘 아니라　　明暗元不二
깨달아 마친 법을 전한다고 하지만　　今付悟了法
취함도 아니요, 여읨도 아니로세　　非取亦非離

제14조　나가르주나(용수) 존자

숨을 수도, 드러날 수도 없는 법이라 함　非隱非顯法
이것이 참다운 실제를 말함이니　　　說是眞實際
숨음이 드러난 법 깨달았다 하나　　悟此隱顯法
어리석음도 아니요 지혜로움도 아니로다　非愚亦非智

제15조　가나제바 존자

숨었느니 드러났느니 하면 법에 밝다 하랴　爲明隱顯法
밝게 해탈의 이치를 설하려면　　　方說解脫理
저 법에 증득한 바도 없는 마음이어야 하니　於法心不證
성낼 것도 없으며 기쁠 것도 없다네　　無嗔亦無喜

제16조　라후라타 존자

본래에 법을 전할 사람 대해　　　　本對傳法人
해탈의 진리를 설하나　　　　　　　爲說解脫理
법엔 실로 증득한 바 없어서　　　　於法實無證
마침도 비롯함도 없느니라　　　　　無終亦無始

제17조　승가난제 존자

법에는 진실로 증득한 바 없어서　　於法實無證
취함도 없으며 여읨도 없느니라　　　不取亦不離
법에는 있다거나 없다는 상도 없거늘　法非有無相
안이니 밖이니 어떻게 일으키리　　　內外云何起

제18조　가야사다 존자

맘 바탕엔 본래에 남 없거늘　　　　心地本無生
바탕의 인, 연을 쫓아 일으키나　　　因地從緣起
연과 종자 서로가 방해 없어　　　　緣種不相妨
꽃과 열매 그 또한 그러하네　　　　華果亦復爾

제19조　구마라다 존자

마음의 바탕에 지닌 종자 있음에　　有種有心地
인과 연이 능히 싹 나게 하지만　　　因緣能發萌
저 연에 서로가 걸림이 없어서　　　於緣不相礙
마땅히 난다 해도 남이 남 아니로세　當生生不生

제20조　사야다 존자

성품에는 본래에 남 없건만　　　　性上本無生
구하는 사람 대해 설할 뿐　　　　　爲對求人說
법에는 얻은 바 없거늘　　　　　　於法旣無得
어찌 깨닫고, 깨닫지 못함을 둘 것인가　何懷決不決

제21조　바수반두 존자

말 떨어지자마자 무생에 계합하면	言下合無生
저 법계와 성품이 함께 하리니	同於法界性
만일 능히 이와 같이 깨친다면	若能如是解
궁극의 이변 사변 통달하리	通達事理竟

제22조　마노라 존자

물거품과 환 같아 걸릴 것도 없거늘	泡幻同無礙
어찌하여 깨달아 마치지 못했다 하는가	如何不了悟
그 가운데 있는 법을 통달하면	達法在其中
지금도 아니요, 옛 또한 아니니라	非今亦非古

제23조　학륵나 존자

마음이 만 경계를 따라서 구르나	心隨萬境轉
구르는 곳마다 실로 능히 그윽함에	轉處實能幽
성품을 깨달아서 흐름을 따르면	隨流認得性
기쁠 것도 없으며 근심할 것도 없네	無喜亦無憂

제24조　사자보리 존자

마음의 성품을 깨달음에	認得心性時
사의할 수 없다고 말하나니	可說不思議
깨달아 마쳐서는 얻음 없어	了了無可得
깨달아선 깨달았다 할 것 없네	得時不說知

제25조　바사사다 존자

깨달음의 지혜를 바르게 설할 때에	正說知見時
깨달음의 지혜란 이 마음에 갖춘 바라	知見俱是心
지금의 마음이 곧 깨달음의 지혜요	當心卽知見
깨달음의 지혜가 곧 지금의 함일세	知見卽于今

제26조　불여밀다 존자

성인이 말하는 지견은	聖人說知見
경계를 맞아서 시비 없네	當境無是非
나 이제 참성품 깨달음에	我今悟眞性
도랄 것도, 이치랄 것도 없네	無道亦無理

제27조　반야다라 존자

맘 바탕에 참성품 갖췄으나	眞性心地藏
머리도, 꼬리도 없으니	無頭亦無尾
인연 응해 만물을 교화함을	應緣而化物
지혜라고 하는 것도 방편일세	方便呼爲智

제28조　보리달마 존자

마음에서 모든 종자 냄이여	心地生諸種
일(事)로 인해 다시 이치 나느니라	因事復生理
두렷이 보리과가 원만하니	果滿菩提圓
세계를 일으키는 꽃 피우리	華開世界起

제29조　신광 혜가 대사

내가 본래 이 땅에 온 것은	吾本來此土
법을 전해 중생을 구함일세	傳法救迷情
한 송이에 다섯 꽃잎 피리니	一花開五葉
열매 맺음 자연히 이뤄지리	結果自然成

제30조　감지 승찬 대사

본래의 바탕에 연 있으면	本來緣有地
바탕의 인에서 종자 나서 꽃핀다 하나	因地種華生
본래엔 종자가 있은 적도 없어서	本來無有種
꽃핀 적도 없으며 난 적도 없다네	華亦不曾生

제31조   대의 도신 대사

꽃과 종자 바탕으로 인하니	華種雖因地
바탕을 쫓아서 종자와 꽃을 내나	從地種華生
만약에 사람이 종자 내림 없으면	若無人下種
남 없어 바탕에 꽃핀 적도 없다 하리	華地盡無生

제32조   대만 홍인 대사

꽃과 종자 성품에서 남이라	華種有生性
바탕으로 인해서 나고 꽃피우니	因地華生生
큰 연과 성품이 일치하면	大緣與性合
그 남은 나도 남 아니로세	當生生不生

제33조   대감 혜능 대사

정 있어 종자를 내림에	有情來下種
바탕 인해 결과 내어 영위하나	因地果還生
정이랄 것도 없고 종자랄 것도 없어서	無情旣無種
만물의 근원인 도의 성품엔 또한 남도 없네	無性亦無生

제34조   남악 회양 전법선사

마음의 바탕에 모든 종자 머금어져	心地含諸種
널리 비 내림에 모두 다 싹트도다	普雨悉皆生
단박에 깨달아 정을 다한 꽃피움에	頓悟華情已
보리의 과위가 스스로 이뤄졌네	菩提果自成

제35조   마조 도일 전법선사

마음의 바탕에 모든 종자 머금어져	心地含諸種
비와 이슬 만남에 모두 다 싹이 트나	遇澤悉皆萌
삼매의 꽃핌이라 형상이 없거늘	三昧華無相
무엇이 무너지고 무엇이 이뤄지랴	何壞復何成

제36조　백장 회해 전법선사

마음 외에 본래에 다른 법이 없거늘	心外本無法
부촉함이 있다 하면 마음법이 아닐세	有付非心法
원래에 마음법 없음을 깨달은	旣知非法心
이러-한 마음법을 그대에게 부촉하네	如是付心法

제37조　황벽 희운 전법선사

본래에 말로는 부촉할 수 없는 것을	本無言語囑
억지로 마음의 법이라 전함이니	强以心法傳
그대가 원래에 받아 지닌 그 법을	汝旣受持法
마음의 법이라고 다시 어찌 말하랴	心法更何言

제38조　임제 의현 전법선사

마음의 법 있으면 병이 있고	病時心法在
마음의 법 없으면 병도 없네	不病心法無
내 부촉한 마음의 법에는	吾所付心法
마음의 법 있는 것 아니로세	不在心法途

제39조　흥화 존장 전법선사

지극한 도는 간택함이 없으니	至道無揀擇
본래의 마음이라 향하고 등짐이 없느니라	本心無向背
이 같음을 감당해 이으려는가?	便如此承當
봄바람에 곤한 잠을 더하누나	春風增瞌睡

제40조　남원 혜옹 전법선사

대도는 온통 맘에 있다지만	大道全在心
맘에 구함 있으면 그르치네	亦非在心求
그대에게 부촉한 자심의 도에는	付汝自心道
기쁨도 근심도 없느니라	無喜亦無憂

제41조　풍혈 연소 전법선사

나 이제 법 없음을 말하노니　　我今無法說
말한 바가 모두 다 법 아니라　　所說皆非法
법 없는 법 지금에 부촉하니　　今付無法法
이 법에도 머무르지 말아라　　不可住于法

제42조　수산 성념 전법선사

말한 적도 없어야 참법이니　　無說是眞法
이 말함은 원래에 말함 없네　　其說元無說
나 이제 말한 적도 없을 때　　我今無說時
말함이라 말한들 말함이랴　　說說何曾說

제43조　분양 선소 전법선사

예로부터 말함 없음 부촉했고　　自古付無說
지금의 나 또한 말함 없네　　我今亦無說
다만 이 말함 없는 마음을　　只此無說心
모든 부처 다 같이 말한 바네　　諸佛所共說

제44조　자명 초원 전법선사

허공이 형상이 없다 하나　　虛空無形像
형상도, 허공도 아닐세　　形像非虛空
내 부촉한 마음의 법이란　　我所付心法
공도 공한 공이어서 공 아닐세　　空空空不空

제45조　양기 방회 전법선사

허공이 면목이 없듯이　　虛空無面目
마음의 상 또한 이와 같네　　心相亦如然
곧 이렇게 비고 빈 마음을　　卽此虛空心
높은 중에 높다고 하는 걸세　　可稱天中天

제46조 백운 수단 전법선사

마음의 본체가 허공같아　　　　　心體如虛空
법 또한 허공처럼 두루하네　　　　法亦遍虛空
허공 같은 이치를 증득하면　　　　證得虛空理
법도 아니요, 공한 맘도 아니로세　非法非心空

제47조 오조 법연 전법선사

도에는 나라는 나 원래 없고　　　　道我元無我
도에는 맘이란 맘 원래 없네　　　　道心元無心
오직 이 나라 함도 없는 법으로　　唯此無我法
나라 함 없는 맘에 일체하네　　　　相契無我心

제48조 원오 극근 전법선사

참나에는 본래에 맘이랄 것 없으며　眞我本無心
참마음엔 역시나 나랄 것 없으나　　眞心亦無我
이러-히 참답게 참마음에 일체되면　契此眞眞心
나를 나라 한들 어찌 거듭된 나겠는가　我我何曾我

제49조 호구 소륭 전법선사

도 얻으면 자재한 마음이고　　　　得道心自在
도 얻지 못하면 근심이라 하나　　不得道憂惱
본래의 마음의 도 부촉함에　　　　付汝自心道
기쁨도, 근심도 없느니라　　　　　無喜亦無惱

제50조 응암 담화 전법선사

맑던 하늘 구름 덮인 하늘 되고　　天晴雲在天
비 오더니 젖어있는 땅일세　　　　雨落濕在地
비밀히 마음을 부촉함이여　　　　秘密付與心
마음법이란 다만 이것일세　　　　心法只這是

제51조 밀암 함걸 전법선사

부처님은 눈으로써 별을 보고	佛用眼觀星
난 귀로써 소리를 들었도다	我用耳聽聲
나의 함이 부처님의 함과 같아	我用與佛用
내 밝음이 그대의 밝음일세	我明汝亦明

제52조 파암 조선 전법선사

부처와 더불어 중생의 보는 것이	佛與衆生見
원래 근본 부처인데 금 그은들 바뀌랴	元本佛隔線
그대에게 부촉한 본연의 마음법에는	付汝自心法
깨닫고 깨닫지 못함도 없느니라	非見非不見

제53조 무준 사범 전법선사

내가 만약 봄이 없다 할 때에	我若不見時
그대 응당 봄이 없이 보아라	汝應不見見
봄에 봄 없어야 본연의 봄이니	見見非自見
본연의 마음이 언제나 드러났네	自心常顯現

제54조 설암 혜랑 전법선사

진리는 곧기가 거문고줄 같다는데	眞理直如絃
어떻게 침묵이나 말로 다시 할 것인가	何默更何言
나 이제 그대에게 공교롭게 부촉하니	我今善付囑
밝힌 마음 본래에 얼음이 없는 걸세	表心本無得

제55조 급암 종신 전법선사

사람에겐 미혹하고 깨달음이 본래 없는데	本無迷悟人
미했느니 깨쳤느니 제 스스로 분별하네	迷悟自家計
젊어서 깨달았다 말이나 한다면	記得少壯時
늙어서까지라도 깨닫지 못할 걸세	而今不覺老

제56조 석옥 청공 전법선사

이 마음이 지극히 광대하여   此心極廣大
허공에 비할 수도 없다네   虛空比不得
이 도는 다만 오직 이러-하니   此道只如是
밖으로 찾음 쉬어 받아 지녔네   受持休外覓

제57조 태고 보우 전법선사

지극히 큰 이것인 이 마음과   至大是此心
지극히 성스러운 이것인 이 법이라   至聖是此法
등불과 등불의 광명처럼 나뉨 없음   燈燈光不差
이 마음 스스로가 통달해 마침일세   了此心自達

제58조 환암 혼수 전법선사

마음 중의 본연의 마음과   心中有自心
법 중의 지극한 법을   法中有至法
내가 지금 부촉한다 하나   我今可付囑
마음법엔 마음법이라 함도 없네   心法無心法

제59조 구곡 각운 전법선사

온통인 도, 마음의 광명이라 할 것도 없으나   一道不心光
과거, 현재, 미래와 시방을 밝힘일세   三際十方明
어떻게 지극히 분명한 이 가운데   何於明白中
밝음과 밝지 않음 있다고 하리오   有明有不明

제60조 벽계 정심 전법선사

나 지금 법 없음을 부촉하고   我無法可付
그대는 무심으로 받는다 하나   汝無心可受
전함 없고 받음 없는 맘이라면   無付無受心
누구라도 성취하지 못했다 하랴   何人不成就

제61조 벽송 지엄 전법선사

마음이 곧 깨달음의 마음이요	心卽能知心
법이 곧 깨달음의 법이라	法卽可知法
마음법을 마음법이라 전한다면	法心付法心
마음도, 법도 아닐세	非心亦非法

제62조 부용 영관 전법선사

조사와 조사가 법 없음을 부촉한다 하나	祖祖無法付
사람과 사람마다 본래 스스로 지님일세	人人本自有
그대는 부촉함도 없는 법을 받아서	汝受無付法
긴요히 뒷날에 전하도록 하여라	急着傳於後

제63조 청허 휴정 전법선사

참성품은 본래에 성품이라 할 것 없고	眞性本無性
참법은 본래에 법이라 할 것 없네	眞法本無法
법이니 성품이니 할 것 없음 깨달으면	了知無法性
어떠한 곳엔들 통달하지 못하랴	何處不通達

제64조 편양 언기 전법선사

법도 아니고 법 아님도 아니고	非法非非法
성품도 아니고 성품 아님도 아니며	非性非非性
마음도 아니고 마음 아님도 아님이	非心非非心
그대에게 부촉하는 궁극의 마음법일세	付汝心法竟

제65조 풍담 의심 전법선사

부처님이 전하신 꽃 드신 종지와	師傳拈花宗
내가 미소지어 보인 도리를	示我微笑法
친히 손수 그대에게 분부하니	親手分付汝
받들어 지녀 누리에 두루하게 하라	持奉遍塵刹

제66조　월담 설제 전법선사

깨달아선 깨달은 바 없으며　　　　　得本無所得
전해서는 전함 또한 없느니라　　　　傳亦無可傳
전함도 없는 법을 부촉함이여　　　　今付無傳法
동서가 온통한 하늘일세　　　　　　東西共一天

제67조　환성 지안 전법선사

전하거나 받을 법이 없어서　　　　　無傳無受法
전하거나 받는다는 맘도 없네　　　　無傳無受心
부촉하나 받은 바 없는 이여　　　　付與無受者
허공의 힘줄마저 뽑아서 끊었도다　　掣斷虛空筋

제68조　호암 체정 전법선사

연류에 따른 일단사여　　　　　　　沿流一段事
머리도 꼬리도 필경 없네　　　　　　竟無頭與尾
사자새끼인 그대에게 부촉하니　　　付與獅子兒
사자후 천지에 가득케 하라　　　　哨吼滿天地

제69조　청봉 거안 전법선사

서 가리켜 동에 그림이여　　　　　指西喚作東
풍악산의 뭇 봉우리로다　　　　　　楓嶽山衆峰
불조의 이러한 법을　　　　　　　　佛祖之此法
너에게 분부하노라　　　　　　　　分付今日汝

제70조　율봉 청고 전법선사

머리도 꼬리도 없는 도리　　　　　無頭尾道理
오늘 그대에게 전해주니　　　　　　今日傳授汝
이후로 보림을 잘 하여서　　　　　此後善保任
영원히 끊어짐이 없게 하라　　　　永遠無斷絶

제71조　금허 법첨 전법선사

그믐날 근원에 돌아간다 말했으나　　晦日豫言爲還元
법신에 그 어찌 가고 옴이 있으랴　　法身何有去與來
푸른 하늘 해 있고, 못 가운데 연꽃일세　日在靑天池中蓮
이 법을 분부하니 끊어짐이 없게 하라　此法分付無斷絶

제72조　용암 혜언 전법선사

'연꽃이 나왔다' 하여 보인 큰 도리를　示出蓮之大道理
다시 또 뜰 밑 나무 가리켜 보여서　　復亦指示庭下樹
후일의 크고 큰일 그대에게 부촉하니　後日大事與咐囑
잘 지녀 보림하여 끊어짐 없게 하라　　保任善持無斷絶

제73조　영월 봉율 전법선사

사느니 죽느니 이 무슨 말들인고　　　生也死也是何言
물밭엔 연꽃이고 하늘엔 해일세　　　水田蓮花在天日
가없이 이러-해서 감출 수 없이 드러남　無邊無藏露如是
오늘 네게 분부하니 끊어짐 없게 하라　今日分付無斷絶

제74조　만화 보선 전법선사

봄산과 뜬구름을 동시에 보아라　　　春山浮雲觀同時
중생들의 이익될 바 그 가운데 있느니라　普益衆生在其中
이 가운데 도리를 이제 네게 부촉하니　此中道理今付汝
계승해 끊임없이 번성케 할지어다　　繼承無斷爲繁盛

제75조　경허 성우 전법선사

하늘의 뜬구름이 누설한 그 도리를　　浮雲漏泄其道理
오늘날 선자에게 부촉하여 주노니　　今日咐囑與禪子
철저하게 보림하여 모범을 보임으로　保任徹底示模範
후세에 끊어짐이 없게 할 맘, 지니게나　後世無斷爲持心

제76조 만공 월면 전법선사

구름과 달, 산과 계곡이라, 곳곳에서 같음이여	雲月溪山處處同
선가의 나의 제자 수산의 큰 가풍일세	叟山禪子大家風
은근히 무문인을 그대에게 분부하니	慇懃分付無文印
이 기틀의 방편이 활안 중에 있노라	一段機權活眼中

제77조 전강 영신 전법선사

불조도 전한 바 없어서	佛祖未曾傳
나 또한 얻은 바 없음을…	我亦無所得
가을빛 저물어 가는 날에	此日秋色暮
뒷산의 원숭이가 울고 있네	猿嘯在後峰

제78대 농선 대원 전법선사

부처와 조사도 일찍이 전한 것이 아니거늘	佛祖未曾傳
나 또한 어찌 받았다 하며 준다 할 것인가	我亦何受授
이 법이 2천년대에 이르러서	此法二千年
널리 천하 사람을 제도하리라	廣度天下人

부처님으로부터 직계로 내려온 불조정맥 제78대 농선 대원 선사님

농선 대원 전법선사의 3대 서원

오로지 정법만을 깨닫기 서원합니다.
입을 열면 정법만을 설하기 서원합니다.
중생이 다하는 그날까지 교화하기 서원합니다.

성불사 국제정맥선원 대웅전

성불사 국제정맥선원은

농선 대원 선사님께서 주석하시는 곳으로

대원 선사님의 지도하에 비구스님들이

직접 지은 도량이다.

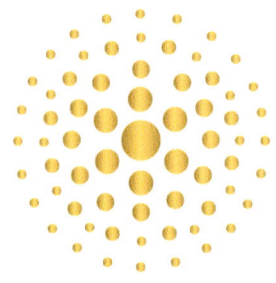

불교 8대 선언문

불교는 자신에게서 영생을 발견하게 한 유일한 종교이다.
불교는 자신에게서 모든 지혜를 발견하게 한 유일한 종교이다.
불교는 자신에게서 모든 능력을 발견하게 한 유일한 종교이다.
불교는 자신에게서 모든 것을 이루게 한 유일한 종교이다.
불교는 자신에게서 극락을 발견하게 한 유일한 종교이다.
불교는 깨달으면 차별 없어 평등하다는 유일한 종교이다.
불교는 모든 억압 없이 자신감을 갖게 한 유일한 종교이다.
불교는 그러므로 온 누리에 영원할 만인의 종교이다.

농선 대원 전법선사 주창

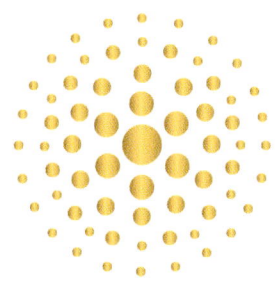

전세계의 불교계에서 통일시켜야 할 일

경전의 말씀대로 32상과 80종호를 갖춘 불상으로 통일해야 한다.

예불 드리는 법을 통일해야 한다.

불공의식을 통일해야 한다.

농선 대원 전법선사 주창

농선 대원 선사의 전등록 발간의 의의

　선문(禪文)이란 말 밖의 말로 마음을 바로 가리켜 깨닫게 하여 그 깨달은 마음 바탕에서 닦아 불지(佛地)에 이르게 하는 문(門)이다. 그러기에 지식이나 알음알이로는 헤아려 알 수 없는 것이어서 깨달아 증득하여 일체종지(一切種智)를 이룬 이가 아니고는 그 요지를 바로 보아 이끌어 줄 수 없다.

　지금 불교의 현실이 대본산 강원조차 이런 안목으로 이끌어 주는 선지식이 없어서 선종(禪宗) 최고의 공안집인 '전등록', '선문염송' 강의가 모두 폐강된 상황이다.
　이에 대원 선사님께서는 불조(佛祖)의 요지가 말이나 글에 떨어져 생사해탈의 길이 단절되는 것을 염려하여 깨달음의 법을 선리(禪理)에 맞게 바로 잡는 역경 작업에 혼신을 다하고 계신다.

　대원 선사님께서는 19세에 선운사 도솔암에서 활연대오한 후, 대선지식과의 법거량에서 한 치의 주저함도 없이 명쾌하게 응대하시니 당시 12대 선지식들께서 탄복해 마지않으셨다. 경봉 선사님과 조계종 지혜제일 전강 선사님과의 문답만을 보더라도 취모검과 같은 대원 선사님의 선지를 엿볼 수 있다.

맨 처음 통도사 경봉 선사님을 찾아뵈었을 때, 마침 늦가을 감나무에서 감을 따고 계신 경봉 선사님을 보자 감나무 주위를 한 번 돌고 서 있으니, 경봉 선사님께서 물으셨다.

"어디서 왔는가?"

"호남에서 왔습니다."

"무엇을 공부했는가?"

"선을 공부했습니다."

"무엇이 선이냐?"

"감이 붉습니다."

"네가 불법을 아는가?"

"알면 불법이 아닙니다."

위의 문답이 있은 후 경봉 선사님께서는 해제 법문을 대원 선사님께 맡기셨으나 대원 선사님께서는 아직 그럴 때가 아니라 여겨져 그 이튿날인 해제일 새벽 직전에 통도사를 떠나와 버리셨다.

또 광주 동광사에서 처음 전강 선사님을 뵈었을 때, 20대 초면의 젊은 승려인 대원 선사님께 전강 선사님께서 대뜸 '달마불식 도리'를 일러보라 하셨다. 대원 선사님께서 아무 말없이 다가가 전강 선사님의 목에 있는 점 위의 털을 뽑아 버리고 종무소로 가니, 전강 선사님께서 "여기 사람 죽이는 놈이 있다."하며 종무소까지 따라오다 방장실로 돌아가셨다.

그 이후 대원 선사님께서 군산 은적사에서 전강 선사님을 시봉하며 모시고 계실 때, 전강 선사님께서 또 물으셨다.

"공적의 영지를 일러라."

"이러-히 스님과 대담합니다."

"영지의 공적을 일러라."

"스님과 대담에 이러-합니다."

"이러-한 경지를 일러라."

"명왕은 어상을 내리지 않고 천하일에 밝습니다."

대원 선사님의 답에 전강 선사님께서는 희색이 만면해서 고개를 끄덕이며 당신 처소로 돌아가셨다.

이에 그치지 않고 전강 선사님께서 대구 동화사 조실로 계실 때, 대원 선사님께 말씀하셨다.

"대중들이 자네를 산으로 불러내어 그 중에 법성(조계종 종정 진제 스님)이 달마불식 도리를 일러보라 했을 때 '드러났다'라고 답했다는데, 만약에 자네가 양무제였다면 '모르오'라고 이르고 있는 달마 대사에게 어떻게 했겠는가?"

"제가 양무제였다면 '성인이라 함도 설 수 없으나 이러-히 짐의 덕화와 함께 어우러짐이 더욱 좋지 않겠습니까?'하며 달마 대사의 손을 잡아 일으켰을 것입니다."

그러자 전강 선사님께서 탄복하며 말씀하셨다.

"어느새 그 경지에 이르렀는가?"

"이르렀다곤들 어찌하며 갖추었다곤들 어찌하며 본래라곤들 어찌 하리까? 오직 이러-할 뿐인데 말입니다."
대원 선사님의 대답에 전강 선사님께서 크게 기뻐하셨다.

이와 같이 대원 선사님께서는 20대 초반에 이미 어떤 선지식의 물음에도 전광석화와 같이 답하셨으며 그 법을 씀이 새의 길처럼 흔적 없는 가운데 자유자재하셨다.

깨달음의 방편에 있어서는 육조 대사께서 마주 앉은 자리에서 사람들을 깨닫게 하셨듯이, 제자들을 제접해 직지인심(直指人心)으로 스스로의 마음에 사무쳐 들게 하여 근기에 따라 보림해 갈 수 있도록 이끌어주시니, 꺼져가는 정법의 기치를 바로 일으켜 세움이라 하겠다.
또한 선지식이라면 이변(理邊)에서 뿐만이 아니라 사변(事邊)에서도 먼 안목으로 인류가 무엇을 어떻게 대비하며 살아가야 할지를 예언하고 이끌어 주어야 한다고 하셨다.
그래서 1962년부터 주창하시기를, 전 세계가 21세기를 '사막 경영의 시대'로 삼아 사막화된 지역에 '사막 해수로 사업'을 하여 원하는 지역의 기후를 조절해야 하고, 자원을 소모하는 발전소 대신 파도, 태양열, 풍력 등의 대체 에너지와 무한 원동기를 개발해야 한다고 하셨다. 또, 도로를 발전소화하여 전기를 생산하는 방법 등을 구체적으로 제안하시고, 천재지변을 대비하여 각자의 집에서 농사를 짓는 '울안의 농법'을 연구하시는 등 만인이 더 나은 삶을 살 수 있는 길을 끊임없이 일러 주고 계신다.

　이와 같이 대원 선사님께서는 일체종지를 이룬 지혜로, '참나를 깨달아 마음이 내가 된 삶'을 위한 깨달음의 법으로부터 닥쳐오는 재난을 막고 지구를 가장 살기 좋은 세상으로 만드는 방편까지 늘 그 방향을 제시하고 계신다.

　한편, 불교의 최고 경전인 '화엄경 81권'을 완간하여 불보살님의 불가사의한 화엄세계를 열어 보이셨으며, 선문 최대의 공안집인 '선문염송 30권' 1,463칙에 대하여 석가모니 부처님 이래 최초로 전 공안을 맑은 물 밑바닥 보듯이 회통쳐 출간하셨다.
　이제 대원 선사님께서는 7불과 역대 조사들의 깨달음의 진수가 담긴 '전등록 30권'을 그런 혜안(慧眼)으로 조사마다 선리의 토끼뿔을 더해 닦아 증득할 수 있도록 밝혀 보이셨다. 그리하여 생사윤회길을 헤매는 중생들에게 해탈의 등불이 되고자 하셨으며, 불조(佛祖)의 정법이 후세에까지 끊어지지 않게 하여 부처님 은혜에 보답하고자 하셨다.
　부처님 가신 지 오래 되어 정법은 약하고 삿된 법이 만연한 지금, 중생이 다하는 날까지 중생을 구제하기 서원하는 대원 선사님과 같은 명안종사(明眼宗師)가 계심은 불보살님의 자비광명이 이 땅에 두루한 은덕이라 하겠다.

바로보인 불법 ㊸

전傳등燈록錄

15

도서출판 문젠(구, 바로보인)은 정맥선원에서 운영하고 있습니다.

* 인제산(人濟山) 성불사(成佛寺) 국제정맥선원
  경기도 포천시 내촌면 소리개길 86-178 ☎ 031-531-8805
* 인제산(人濟山) 이문절 포천정맥선원
  경기도 포천시 내촌면 소리개길 86-123 ☎ 031-531-2433
* 백양산(白楊山) 자모사(慈母寺) 부산정맥선원
  부산시 동래구 아시아드대로 114번길 10 대류코리아나 2층 212호 ☎ 051-503-6460
* 자모산(慈母山) 육조사(六祖寺) 청도정맥선원
  경북 청도군 매전면 동산리 산 50 ☎ 010-4543-2460
* 광암산(光巖山) 성도사(成道寺) 광주정맥선원
  광주광역시 광산구 삼도광암길 34 ☎ 062-944-4088
* 대통산(大通山) 대통사(大通寺) 해남정맥선원
  전남 해남군 화산면 송계길 132-98 중정마을 ☎ 061-536-6366

바로보인 불법 ㊸
전 등 록 15

초판 1쇄 펴낸날 단기 4354년, 불기 3048년, 서기 2021년 12월 30일

역　저　농선 대원 선사
펴 낸 곳　도서출판 문젠(Moonzen Press)
　　　　　11192, 경기도 포천시 내촌면 소리개길 86-178
　　　　　전화 031-534-3373 팩스 031-533-3387
신고번호　2010.11.24. 제2010-000004호

편집윤문출판　법심 최주희, 법운 정숙경
인디자인 전자출판　지일 박한재
한문원문대조　불장 곽병원
표 지 글 씨　춘성 박선옥
인　　　쇄　북크림

도서출판문젠 www.moonzenpress.com
정 맥 선 원 www.zenparadise.com
사막화방지국제연대(IUPD) www.iupd.org

ⓒ 문재현, 2021. Printed in Seoul, Republic of Korea
값 15,000원
ISBN 978-89-6870-615-8
ISBN 978-89-6870-600-4 04220(전30권)

 서 문

전등록은 말 없는 말이며 말 밖의 말이라서 학식이나 재치만으로는 번역이 실로 불가능한 일이다. 그러기에 육조단경(六祖壇經)을 보면 법화경을 삼천 번이나 독송한 법달(法達)은 글 한 자 모르시는 육조(六祖)께 경의 뜻을 물었고, 글을 모르시는 육조께서는 법화경의 바른 뜻을 설파해서서 법달을 깨닫게 하신 것이다.

그런데 하루는 본인에게 법을 물으러 다니시던 부산의 목원 하상욱 본연님이 오셔서 시중에 나온 전등록 번역본 두세 가지를 보이시며 범인인 당신에게도 부처님과 조사님들의 본래 뜻에 맞지 않는 대문이 군데군데 눈에 뜨인다며 바른 의역의 필요성을 절감한다고 하셨다. 그 후로 전등록 번역을 바로 해주십사 하는 간청이 지극하여 비록 단문하나 이 일을 시작하게 되었다.

부처님과 조사님들의 근본 뜻에 어긋남이 없게 하기 위해 노력하였으나 약속한 기간 내에 해내기란 실로 벅찬 일이어서 혹시 미비한 점이 없지 않으리니 강호 제현의 좋은 지적이 있기를 바란다.

불법(佛法)이란 본자연(本自然)이라 누가 설(說)하고 누가 듣고 배울 자리요만 그렇지 못한 이가 또한 있어서 부처님과 조사님들의 허물이 생기는 것이다.

어떤 것이 부처인고?
화분의 빨간 장미니라.

이 가운데 남전(南泉) 뜰꽃 도리(道理)며 한산(寒山) 습득(拾得)의 웃음을 누릴진저.

           단기(檀紀) 4354년
           불기(佛紀) 3048년
           서기(西紀) 2021년

      무등산인 농선 대원 분향근서
      (無等山人 弄禪 大圓 焚香謹書)

양억(楊億)의 경덕전등록 서문

　석가모니께서 일찍이 연등 부처님의 수기를 받아, 현겁(賢劫)의 보처(補處)가 되어 이 땅에 탄강하시고 법을 펴서 교화하시기가 49년이었으니 방편과 진리, 돈오(頓悟)와 점수(漸修)의 문호를 여시고, 헤아릴 수 없이 많은 다양한 교법을 내려 주셨다.
　근기(根機)에 따라 진리를 깨닫게 하신 데서 삼승(三乘)의 차별이 생겼으니, 사물에 접하는 대로 중생을 이롭게 하여 한량없는 중생을 제도하셨다. 그 자비는 넓고 컸으며 그 법식(法式)은 두루 갖추어져 있었다.
　쌍림(雙林)에서 열반에 드실 때 가섭(迦葉)에게만 유촉하신 것이 차츰차츰 전하여 달마에 이르러서 비로소 문자를 세우지 않고 마음의 근원을 곧바로 보이게 되었으니, 차례를 밟지 않고 당장에 부처의 경지에 오르게 되어 다섯 잎[1]이 비로소 무성하고 천 개의 등불[2]이 더욱 찬란하여서, 보배 있는 곳에 이른 이는 더욱 많고, 법의 바퀴를 굴린 이도 하나가 아니었다.
　부처님께서 부촉하신 종지와 정법안장(正法眼藏)이 유통되는 도리는 교리 밖에서 따로 행해지는 불가사의(不可思議)한 것이다.
　태조(太祖)께서 거룩하신 무력으로 전란을 진압하신 뒤에 사찰을 숭상하여 제도의 문을 활짝 여셨고, 태종(太宗)께서 밝으신 변재로 비밀한 법을 찬술하시어 참된 이치를 높이셨으며, 황상(皇上)[3]께서 높으신 학덕으로 조사의 뜻을 이어 거룩한 가르침에 머릿말을 쓰셔 종풍(宗風)을 잇게 하시니, 구름 같은 문장이 진리의 하늘에 빛나고, 부처의 황금같은 설법

---

1) 다섯 잎 : 중국 선종의 2조 혜가로부터 6조 혜능에 이르는 다섯 조사를 말한다.
2) 천 개의 등불 : 중국에 선법(禪法)이 전해진 이후 등장한 수많은 견성도인들을 말한다.
3) 황상(皇上) : 송의 진종(眞宗)을 말한다.

이 깨달음의 동산에 펼쳐졌다.

대장경의 말씀에 비밀히 계합하고, 인도로부터의 법맥이 번창하니, 뭇 선행을 늘리는 이가 더욱 많아졌고, 요의(了義)[4]를 전하는 사람들이 간간이 나타나서 원돈(圓頓)의 교화가 이 지역에 퍼졌다.

이에 동오(東吳)의 승려인 도원(道原)이 선열(禪悅)의 경지에 마음을 모으고, 불법의 진리를 샅샅이 찾으며, 여러 세대의 조사 법맥을 찾고, 제방의 어록(語錄)을 모아 그 근원과 법맥에 차례를 달고, 말씀들을 차례차례 엮되, 과거 7불로부터 대법안(大法眼)의 문도에 이르기까지 무릇 52세대, 1,701인을 수록하여 30권으로 만들어 경덕전등록이라 하여 대궐로 가지고 와서 유포해 주기를 청하였다.

황상께서는 불법을 밖으로부터 보호하고자 하시고, 승려들의 부지런함을 가상히 여겨 마음가짐을 신중히 하고 생각을 원대히 하여 좌사간(左司諫) 지제고(知制誥) 양억(楊億)과 병부원외랑(兵部員外郎) 지제고(知制誥) 이유(李維)와 태상승(太常丞) 왕서(王曙) 등을 불러 교정케 하시니, 신(臣) 등은 우매하여 삼학(三學)[5]의 근본 뜻을 모르고 5성(五性)[6]의 방편에 어두우며, 훌륭한 번역 솜씨도 없고, 비야리 성에서 보인 유마 거사의 묵연(黙然) 도리[7]에도 둔하건만 공손히 지엄하신 하명(下命)을 받들어 감히 끝내 사양하지 못하였다.

그 저술된 내용을 두루 살펴보면 대체로 진공(眞空)[8]으로써 근본을 삼고 있고, 옛 성인께서 도에 들던 인연을 서술할 때나 옛 사람이 진리를 깨달은 이야기를 표현할 때엔 근기와 인연의 계합함이 마치 활쏘기와 칼쓰

---

4) 요의(了義) : 일을 다 마친 도리. 깨달아서 깨달음마저 두지 않는 경지를 말한다.
5) 삼학(三學) : 계(戒), 정(定), 혜(慧).
6) 5성(五性) : 법상종의 용어. 일체중생의 근기를 다섯 성품으로 나누어서 성불할 근기와 성불하지 못할 근기로 나누었다.
7) 유마 거사의 묵연 도리 : 유마 거사가 비야리성에서 그를 문병하러 온 문수보살과 법담을 할 때 잠자코 말이 없음으로 불이(不二)의 도리를 드러내 보인 일을 말한다.
8) 진공(眞空) : 색(色)이니 공(空)이니를 초월해서 누리는 경지.

기가 알맞는 것 같아 지혜가 갖추어진 데서 광명을 내어, 채찍 그림자만 보고도 달리는 말과 같은 상근기자(上根機者)들에게 널리 도움이 되고 있다.

 후학(後學)들을 인도함에는 현묘한 진리를 드날리고 있고, 다른 이야기를 가져올 때에는 출처를 밝히고 있으며, 다듬어지지 않은 부분도 많으나 훌륭한 부분도 찾아볼 수 있었다. 모든 대사들이 대중에게 도리를 보일 때에 한결같은 소리로 펼쳐 보이고 있으니 영특한 이가 귀를 기울여 듣는다면 무수한 성인들이 증명한다 할 것이다. 개괄해서 들추어도 그것이 바탕이어서 한군데만 취해도 그대로가 옳다.

 만일 별달리 더 붓을 댄다면 그 돌아갈 뜻을 잃을 것이다. 중국과 인도에서의 말이 이미 다르지 않은데 자칫하면 구슬에다 무늬를 새기려다 배에 흠집을 낼 우려가 있기에, 이런 종류는 모두 그대로 두었다. 더욱이 일은 실제로 행한 것만을 취해 기록하여 틀림없이 잘 서술했으나 말이란 오래도록 남아 전해지는 까닭에 전혀 문장을 다듬지 않을 수는 없었다.

 어떤 사연을 기록할 때엔 그 자취를 자세히 하였고 말이 복잡해지거나 이야기가 저속한 것이 있으면 모두 삭제하되 문맥이 통하게 하였다.

 유교(儒敎)의 대신이나 거사(居士)의 문답에 이르러 벼슬자리와 성씨가 드러난 이는 연대와 역사에 비추어 잘못을 밝히고, 사적(史籍)에 따라 틀린 점을 바로잡아 믿을 만한 전기가 되게 하였다.

 만일 바늘을 던져 맞추듯 한 치의 어긋남 없이 도리를 밝히는 일이 아니거나, 번갯불이 치듯 빠른 기틀을 내보이는 일이 아니거나, 묘하게 밝은 참 마음을 보이는 일이 아니거나, 고(苦)와 공(空)의 깊은 이치를 조사(祖師)의 뜻 그대로 기술(記述)하는 일이 아니라면, 어떻게 등불을 전한다는 전등(傳燈)이라는 비유에 계합(契合)하는 그 극진한 공덕을 베풀 수 있었겠는가?

 만일 감응(感應)한 징조만을 서술하거나 참문하고 행각한 자취만을 기록한다 할 것 같으면 이는 이미 승사(僧史)에 밝혀져 있는 것이니, 어째서 선가(禪家)의 말씀을 굳이 취하겠는가? 세대와 계보의 명칭을 남긴 것만이 아니라 스승과 제자가 이어지는 근거를 널리 기록하였다.

그러나 옛날 책에 실린 것을 보면 잘 다듬어지지 않은 내용을 수록하고 잘 다듬어진 것은 버린 일이 있는데, 다른 기록에 남아 있으면 해당하는 문장을 찾아 보완하고, 더욱 널리 찾아서 덧붙이기도 하였다. 또한 서문과 논설에 이르러 혹 옛 조사(祖師)의 문장이 아닌 것이 사이사이 섞이어 공연히 군소리가 되었으면 모두 간추려서 다 깎아버렸으니, 이같이 하여 1년 만에 일이 끝났다.

저희 신(臣)들은 성품과 식견이 우둔하고, 학문이 넓지 못하고, 기틀이 본래 얕고, 문장력은 부족하여 묘한 도리가 사람에게 달렸다고는 하나 마음에서 떠난 지 오래되고 깊은 진리를 나타내는 말이 세속에서 단절되어, 담벽을 마주한 듯 갑갑하게 지낸 적이 많았다. 과분하게도 추천해 주시는 은혜를 받았으나 아무 힘도 발휘하지 못했다. 편찬하는 일이 이미 끝났으므로 이를 임금님께 바친다. 그러나 임금님의 뜻에 맞지 않아, 임금님께서 거룩히 살펴보시는 데에 공연히 누만 끼치는 것이 아닌가 한다. 삼가 바친다.

　　　　　　　　　　　　한림학사조산대부행좌사간지제고동
　　　　　　　　　　　　수국사판사관사주국남양군개국후식읍
　　　　　　　　　　　　1천백호사자금어대신 양억 지음

景德傳燈錄序 昔釋迦文。以受然燈之夙記當賢劫之次補。降神演化四十九年。開權實頓漸之門。垂半滿偏圓之教。隨機悟理。爰有三乘之差。接物利生。乃度無邊之眾。其悲濟廣大矣。其軌式備具矣。而雙林入滅。獨顧於飲光。屈眴相傳。首從於達磨。不立文字直指心源。不踐楷梯徑登佛地。逮五葉而始盛。分千燈而益繁。達寶所者蓋多。轉法輪者非一。蓋大雄付囑之旨。正眼流通之道。教外別行不可思議者也。

聖宋啟運人靈幽贊。太祖以神武戡亂。而崇淨刹。闢度門。太宗以欽明禦辯。而述祕詮。暢真諦。皇上睿文繼志而序聖教繹宗風。煥雲章於義天。振金聲於覺苑。蓮藏之言密契。竺乾之緒克昌。殖眾善者滋多。傳了義者間出。圓頓之化流於區域。有東吳僧道原者。冥心禪悅。索隱空宗。披弈世之祖圖。采諸方之語錄。次序其源派。錯綜其辭句。由七佛以至大法眼之嗣。凡五十二世。一千七百一人。成三十卷。目之曰景德傳燈錄。詣闕奉進冀於流布。

皇上爲佛法之外護。嘉釋子之勤業。載懷重慎。思致悠久。乃詔翰林學士左司諫知制誥臣楊億。兵部員外郎知制誥臣李維。太常丞臣王曙等。同加刊削。俾之裁定。臣等昧三學之旨迷五性之方。乏臨川翻譯之能。慚毘邪語默之要。恭承嚴命。不敢牢讓。竊用探索匪遑寧居。考其論譔之意。蓋以真空爲本。將以述曩聖入道之因。標昔人契理之說。機緣交激。若拄於箭鋒。智藏發光。旁資於鞭影。

誘道後學。敷暢玄猷。而捃摭之來。徵引所出。糟粕多在。油素可尋。其有大士。示徒。以一音而開演。含靈聳聽。乃千聖之證明。屬概舉之是資。取少分而斯可。若乃別加潤色失其指歸。既非華竺之殊言。頗近錯雕之傷寶。如此之類悉仍其舊。況又事資紀實。必由於善敘。言以行遠。非可以無文。其有標錄事緣。縷詳軌跡。或辭條之紛糾。或言筌之猥俗。並從刊削。俾之綸貫。

至有儒臣居士之問答。爵位姓氏之著明。校歲歷以愆殊。約史籍而差謬。鹹用刪去。以資傳信。自非啟投針之玄趣。馳激電之迅機。開示妙明之真心。祖述苦空之深理。即何以契傳燈之喻。施刮膜之功。若乃但述感應之徵符。專敘參遊之轍跡。此已標於僧史。亦奚取於禪誌。聊存世系之名。庶紀師承之自然而舊錄所載。或掇粗而遺精。別集具存。當尋文而補闕。率加采擷。爰從附益。逮於序論之作。或非古德之文。問廁編聯徒增楦釀（楦釀二字出唐張燕公文集。謂冗長也）亦用簡別多所屏去。泛茲周歲方遂終篇。臣等性識愧於冗煩。學問慚於涉獵。天機素淺。文力無餘。妙道在人。雖刻心而斯久。玄言絕俗。固牆面以居多。濫膺推擇之私。靡著發揮之效。已克終於紬繹。將仰奉於清間。莫副宸襟空塵睿覽。謹上。

翰林學士朝散大夫行左司諫知制誥同
修國史判史館事柱國南陽郡開國侯食邑
一千百戶賜紫金魚袋臣楊億 撰

승려 희위(希渭)의 경덕전등록 재발간사

호주로(湖州路) 도량산(道場山) 호성만세선사(護聖萬歲禪寺)의 늙은 중 희위(希渭)는 본관이 경원로(慶元路) 창국주(昌國州)이며 성은 동(董)씨다.

어릴 때부터 고향의 성에 있는 관음선사(觀音禪寺)에 가서 절조(絶照) 화상을 스승으로 삼았고, 법명(法名)을 받게 되어 자계현(慈溪縣) 개수(開壽)의 보광선사(普光禪寺)에 가서 용원(龍源) 화상에 의해 머리를 깎고 중이 되었다.

그대로 오대율사(五臺律寺)로 가서 설애(雪涯) 화상에게 구족계를 받은 뒤에 짐을 꾸려 서쪽으로 향해 행각을 떠나 수행을 하다가 나중에 다시 은사이신 용원 화상을 만나 이 산으로 옮겨 왔다.

스승을 따라 배움에 참여하고 이로움을 구한 지 벌써 여러 해가 되었다. 항상 스승의 은혜를 생각하면서도 갚을 기회가 없었다. 그런데 삼가 윗대로부터의 부처와 조사들을 수록한 경덕전등록 30권을 보니 7불로부터 법안(法眼)의 법사(法嗣)에 이르기까지 전부 52세대(世代)인데, 경덕(景德)에서 연우(延祐) 병진년에 이르기까지 317년이나 지나서 옛 판본이 다 썩어버려 남아있지 않기 때문에 후학들이 보고 싶어도 볼 수가 없었다. 이에 발심하여 다시 간행한다.

홀연히 내 고향에 있는 천성선사(天聖禪寺)의 송려(松廬) 화상이 소장하고 있던, 여산(廬山)의 은암(隱庵)에서 찍은 옛 책이 가장 보존이 잘 된 상태로 입수되었는데, 아주 내 마음에 들었다. 마침내 병진(丙辰)년 정월 10일에 의발 등속을 모두 팔아 1만 2천여 냥을 얻었다. 그날 당장에 공인(工人)에게 간행할 것을 명하여 조사의 도리가 세상에 유포되게 하였다. 이 책은 모두 36만 7천 9백 17자이다. 그해 음력 12월 1일에야 공인의 작업이 끝났다.

당장에 300부를 인쇄하여 전당강(錢塘江) 남북지역과 안중(安衆)지역[9]의 여러 명산(名山)의 방장(方丈)[10]과 몽당(蒙堂)[11]과 여러 요사(寮舍)[12]에 한 부씩을 비치케 하여 온 세상의 도를 분변(分辨)하는 참선납자(參禪衲子)들이 참구하기에 편하도록 하였다. 이를 잘 이용하여 사은(四恩)[13]을 갚고 아울러 삼유(三有)의 중생[14]에게도 도움이 되기 바란다.

대원(大元) 연우(延祐) 3년[15] 음력 12월 1일
늙은 중 희위(希渭)가 삼가 쓰고
젊은 비구 문아(文雅)가 간행을 감독하고
주지 비구 사순(士洵)이 간행하다.

---

9) 두 지역은 희위 스님의 고향인 호주(湖州)와 비교적 인접한 지역들이다.
10) 방장(方丈) : 절의 주지가 거처하는 방. 지금은 견성한 이가 아니더라도 주지를 맡고 있으나 그 당시에는 견성한 도인이라야 그 절의 주지를 맡았다. 따라서 방장에는 대체로 법이 높은 스님이 기거하는 경우가 대부분이었다.
11) 몽당(蒙堂) : 승사(僧寺)의 일에서 물러난 사람이 거처하는 방.
12) 요사(寮舍) : 절에서 대중이 숙식하는 방.
13) 사은(四恩) : 보시(布施), 자애(慈愛), 화도(化導), 공환(共歡)의 네가지 시은(施恩), 또는 부모(父母), 중생(衆生), 국왕(國王), 삼보(三寶)의 네가지 지은(知恩).
14) 삼유(三有)의 중생 : 욕계(慾界), 색계(色界), 무색계(無色界)의 삼계(三界)를 유전하는 미혹한 중생.
15) 서기 1316년.

차 례

서 문 35
양억(楊億)의 경덕전등록 서문 37
승려 희위(希渭)의 경덕전등록 재발간사 42
일러두기 48
15권 법계보 49

청원(靑原) 행사(行思) 선사의 4세 5세 법손(法孫) 53

행사(行思) 선사의 제4세
앞의 예주(澧州) 용담(龍潭) 숭신(崇信) 선사의 법손 55
  낭주(朗州) 덕산(德山) 선감(宣鑒) 선사 55
  홍주(洪州) 늑담(泐潭) 보봉(寶峯) 화상 70

앞의 길주(吉州) 성공(性空) 선사의 법손 73

흡주(歙州) 무원(茂源) 화상 73
소산(疎山) 광인(光仁) 선사 76

앞의 경조(京兆) 취미(翠微) 무학(無學) 선사의 법손 79
악주(鄂州) 청평산(清平山) 영준(令遵) 선사 79
서주(舒州) 투자산(投子山) 대동(大同) 선사 87
호주(湖州) 도량산(道場山) 여눌(如訥) 선사 112
건주(建州) 백운(白雲) 약(約) 선사 116

담주(潭州) 도오산(道吾山) 원지(圓智) 선사의 법손 119
담주(潭州) 석상산(石霜山) 경제(慶諸) 선사 119
담주(潭州) 점원(漸源) 중흥(仲興) 선사 132
녹청(祿清) 화상 136

담주(潭州) 운암(雲巖) 담성(曇晟) 선사의 법손 138
균주(筠州) 동산(洞山) 양개(良价) 선사 138
탁주(涿州) 행산(杏山) 감홍(鑒洪) 선사 174
담주(潭州) 신산(神山) 승밀(僧密) 선사 176
유계(幽谿) 화상 181

앞의 화정(華亭) 선자(船子) 덕성(德誠) 선사의 법손 183
예주(澧州) 협산(夾山) 선회(善會) 선사 183

길주(吉州) 청원산(靑原山) 행사(行思) 선사의 제5세
앞의 서주(舒州) 투자산(投子山) 대동(大同) 선사의 법손 196
　투자(投子) 감온(感溫) 선사　196
　복주(福州) 우두(牛頭) 미(微) 선사　200
　서천(西川) 청성(靑城) 향산(香山) 징조(澄照) 대사　203
　섬부(陝府) 천복(天福) 화상　205
　호주(濠州) 사명(思明) 화상　207
　봉상부(鳳翔府) 초복(招福) 화상　209
　홍원부(興元府) 중량산(中梁山) 준고(遵古) 선사　211
　양주(襄州) 곡은(谷隱) 화상　213
　안주(安州) 구종산(九崚山) 화상　215
　유주(幽州) 반산(盤山) 화상(제2세 주지)　217
　안주(安州) 구종(九崚) 경혜(敬慧) 선사(제2세 주지)　219
　동경(東京) 관음원(觀音院) 암준(巖俊) 선사　221

앞의 악주(鄂州) 청평산(淸平山) 영준(令遵) 선사의 법손 225
　기주(蘄州) 삼각산(三角山) 영규(令珪) 선사　225

색인표　229

부록1　농선 대원 선사님 인가 내력　239
부록2　농선 대원 선사님 법어　247
부록3　21세기에 인류가 해야 할 일　263
부록4　가슴으로 부르는 불심의 노래　267

일러두기

1. 대만에서 펴낸『경덕전등록(景德傳燈錄)』(宋釋道原 編, 新文豐出版公司, 民國 75년, 1986년)에 의거해서 번역했으며 누락된 부분 없이 완역하였다.
2. 농선 대원 선사가 각 선사장마다 선리의 토끼뿔을 더하여 닦아 증득하는 데 도움이 되도록 하였다.
3. 뜻이 통하지 않는데도 오자가 아닐 때는 옛 한문 사전에서 그 조사 당시에 그 글자가 어떻게 쓰였는가를 찾아 번역하였다. 예를 들어 '還'자가 돌아올 '환'으로가 아니라 영위할 '영'으로 쓰여 뜻이 통한 경우에는 '영위하다' '누리다'로 의역하였다.
4. 선사들의 생몰연대는 여러 기록된 내용이 일치하지 않거나 미상으로 되어 있는 바가 많아, 각 선사 당시의 나라와 왕의 연대, 불교의 상황 등을 역사학자들이 전문적으로 연구하여 밝혀야 할 부분이 있기에, 이 책에서는 여러 자료와 연구 결과가 일치된 내용만을 주에서 표기하였다.
5. 첨가한 주의 내용은 불교에 대한 지식이 없는 이들도 선문답을 참구해 가는데 도움이 되도록 간략하게 달았으며, 주의 내용에 따라서는 사전적인 뜻보다는 선리(禪理)로서 그 뜻을 밝혀 마음에 비추어 참구할 수 있도록 하였다.

15권 법계보

길주(吉州) 청원산(靑原山) 행사(行思) 선사의 제4세 17인

예주(澧州) 용담(龍潭) 숭신(崇信) 선사의 법손 2인
- 낭주(朗州) 덕산(德山) 선감(宣鑒) 선사
- 홍주(洪州) 늑담(泐潭) 보봉(寶峯) 화상

  (이상 2인은 본문에 기록되어 있다. 원주)

길주(吉州) 성공(性空) 선사의 법손 2인
- 흡주(歙州) 무원(茂源) 화상
- 소산(疎山) 광인(光仁) 선사

  (이상 2인은 본문에 기록되어 있다. 원주)

경조(京兆) 취미(翠微) 무학(無學) 선사의 법손 5인
- 악주(鄂州) 청평산(淸平山) 영준(令遵) 선사
- 서주(舒州) 투자산(投子山) 대동(大同) 선사
- 호주(湖州) 도량산(道場山) 여눌(如訥) 선사
- 건주(建州) 백운(白雲) 약(約) 선사

  (이상 4인은 본문에 기록되어 있다. 원주)
- 복우산(伏牛山) 원통(元通) 선사

  (이상 1인은 본문에 기록되어 있지 않다. 원주)

15권 법계보

담주(潭州) 도오산(道吾山) 원지(圓智) 선사의 법손 3인
- 담주(潭州) 석상산(石霜山) 경제(慶諸) 선사
- 담주(潭州) 점원(漸源) 중흥(仲興) 선사
- 녹청(祿清) 화상

(이상 3인은 본문에 기록되어 있다. 원주)

담주(潭州) 운암(雲巖) 담성(曇晟) 선사의 법손 4인
- 균주(筠州) 동산(洞山) 양개(良价) 선사
- 탁주(涿州) 행산(杏山) 감홍(鑒洪) 선사
- 담주(潭州) 신산(神山) 승밀(僧密) 선사
- 유계(幽谿) 화상

(이상 4인은 본문에 기록되어 있다. 원주)

화정(華亭) 선자(船子) 덕성(德誠) 선사의 법손 1인
- 예주(澧州) 협산(夾山) 선회(善會) 선사

(이상 1인은 본문에 기록되어 있다. 원주)

길주(吉州) 청원산(靑原山) 행사(行思) 선사의 제5세 112인 중 14인

서주(舒州) 투자산(投子山) 대동(大同) 선사의 법손 13인
- 투자(投子) 감온(感溫) 선사

15권 법계보

- 복주(福州) 우두(牛頭) 미(微) 선사
- 서천(西川) 청성(靑城) 향산(香山) 징조(澄照) 대사
- 섬부(陝府) 천복(天福) 화상
- 호주(濠州) 사명(思明) 화상
- 봉상부(鳳翔府) 초복(招福) 화상
- 흥원부(興元府) 중량산(中梁山) 준고(遵古) 선사
- 양주(襄州) 곡은(谷隱) 화상
- 안주(安州) 구종산(九嵕山) 화상
- 유주(幽州) 반산(盤山) 화상(제2세 주지)
- 안주(安州) 구종산(九嵕山) 경혜(敬慧) 선사(제2세 주지)
- 동경(東京) 관음원(觀音院) 암준(巖俊) 선사
  (이상 10인은 본문에 기록되어 있다. 원주)
- 계양(桂陽) 용복(龍福) 진(眞) 선사
  (이상 1인은 본문에 기록되어 있지 않다. 원주)

악주(鄂州) 청평산(淸平山) 영준(令遵) 선사의 법손 1인

- 기주(蘄州) 삼각산(三角山) 영규(令珪) 선사
  (이상 1인은 본문에 기록되어 있다. 원주)

청원(靑原) 행사(行思) 선사의
4세 5세 법손(法孫)

행사(行思) 선사의 제4세
앞의 예주(澧州) 용담(龍潭) 숭신(崇信) 선사의 법손

낭주(朗州) 덕산(德山) 선감(宣鑒) 선사

선감 선사[1]는 검남(劍南) 사람으로 성은 주(周)씨이다. 어릴 때 출가하여 나이가 차자 구족계를 받고, 율장(律藏)을 정밀하게 연구하였다. 성종(性宗)[2]과 상종(相宗)[3]의 여러 경전의 깊은 뜻을 두루 통달한 뒤에 항상 『금강반야경(金剛般若經)』을 강의하였으므로 당시 사람들이 주금강(周金剛)이라 불렀다.

行思禪師第四世。前澧州龍潭崇信禪師法嗣。朗州德山宣鑒禪師。劍南人也。姓周氏。丱歲出家。依年受具。精究律藏。於性相諸經貫通旨趣。常講金剛般若。時謂之周金剛。

---

1) 선감 선사(782 ~ 865).
2) 성종(性宗) : 현상세계를 초월한 만유제법의 참된 체성을 논하는 종지. 법성종.
3) 상종(相宗) : 만유본체의 문제보다 만유현상을 주로 연구하는 종지. 법상종.

그 뒤 선종(禪宗)을 찾아가는 길에 동학들에게 말하였다.

"한 터럭이 바다를 삼켜도 바다의 성품은 손상되지 않고, 겨자씨를 칼끝에 던져도 칼끝은 움직이지 않나니, 배울 것과 배우지 않을 것을 내가 안다."

그리고는 용담 숭신 선사를 찾아가서 문답하였는데 단지 한마디 뿐이었다.[4] 대사는 곧 하직하고 떠나려 하다가 용담이 만류하기에 하루 저녁을 방 밖에서 잠자코 앉아 있었다.

이에 용담이 물었다.

"왜 돌아가지 않는가?"

대사가 대답하였다.

"어둡군요."

그러자 용담이 촛불을 켜 대사에게 주었는데, 대사가 받으려는 찰나에 용담이 얼른 불어서 꺼버렸다.

厥後訪尋禪宗。因謂同學曰。一毛吞海海性無虧。纖芥投鋒鋒利不動。學與無學唯我知焉。因造龍潭信禪師。問答皆一語而已(前章出之)。師卽時辭去。龍潭留之。一夕於室外默坐。龍問。何不歸來。師對曰。黑。龍乃點燭與師。師擬接。龍便吹滅。

---

4) 자세한 내용은 앞에서 나왔다. (원주)

이에 대사가 절을 하니, 용담이 물었다.

"무엇을 보았는가?"

대사가 말하였다.

"지금부터는 천하 노화상들의 혀끝에 조금도 미혹되지 않겠습니다."

이튿날 대사가 떠난 뒤에 용담이 대중에게 말하였다.

"어떤 한 사람이 있는데 어금니는 칼과 같고, 입은 시뻘겋게 딱 벌린 아가리 같다. 한 방망이를 때려도 고개도 돌리지 않을 사람이니, 언젠가는 우뚝한 봉우리 위에서 나의 불법을 세우리라."

대사는 위산으로 가서 법당 서쪽에서 동쪽으로 지나서 방장을 돌아보니, 위산이 말이 없었다. 이에 대사가 말하였다.

"없구나, 없다."

그리고는 나와 승당 앞으로 가서 "그렇지만 경솔할 수는 없구나."라고 말하며 위의를 갖추고 올라가 다시 뵈었다.

師乃禮拜。龍曰。見什麼。曰從今向去不疑天下老和尙舌頭也。至明日便發。龍潭謂諸徒曰。可中有一箇漢。牙如劍樹口似血盆。一棒打不迴頭。他時向孤峯頂上立吾道在。師抵於溈山。從法堂西過東迴視方丈。溈山無語。師曰。無也無也。便出至僧堂前乃曰。然雖如此不得草草。遂具威儀上再參。

대사가 문턱을 들어서자마자 방석을 번쩍 들면서 말하였다.

"화상!"

위산이 불자를 잡으려 하니, 대사가 할을 하고는 소매를 떨치면서 나갔다.

저녁이 되자 위산이 대중에게 물었다.

"오늘 새로 온 승려가 어디에 있는가?"

대중이 대답하였다.

"그 승려는 화상을 뵙고 다시는 승당을 돌아보지도 않고 떠나 버렸습니다."

"그 승려가 누구인 줄 아는가?"

"모릅니다."

"그가 뒷날에 암자를 지어서 주지가 되면 부처와 조사마저도 모두 꾸짖을 사람이다."

대사가 30년 동안 예양에 살다가 당(唐) 무종의 폐불사태를 만나 독부산(獨浮山)의 석실(石室)로 피해 갔다.

纔跨門提起坐具喚曰。和尚。潙山擬取拂子。師喝之揚袂而出。潙山晚間問大眾。今日新到僧何在。對曰。那僧見和尚了更不顧僧堂便去也。潙山問眾。還識這阿師也無。眾曰。不識。潙曰。是伊將來有把茅蓋頭。呵佛罵祖去在。師住澧陽三十年。屬唐武宗廢教。避難於獨浮山之石室。

대중(大中) 초에 무릉 태수 설정망(薛廷望)이 덕산정사(德山精舍)를 다시 수리하여 고덕선원(古德禪院)이라 부르고[5], 밝은 종사를 구해 주지로 삼으려고 하였다.

그러던 차에 대사의 덕행을 듣고 자주 청했으나 대사는 끝내 산에서 내려가지 않았다. 이에 정망이 거짓 계교로 아전을 보내 차와 소금의 법을 범했다고 하면서 대사를 모시고 오게 하였다. 그리고는 뵙고 예배하면서 주지 맡기를 간절히 청하니, 종풍을 크게 드날리게 되었다.

대사가 법상에 올라 대중에게 말하였다.

"자기에게 일〔事〕이 없거늘 망령되게 구하지 말라. 망령되게 구한 것은 얻어도 얻은 것이 아니니, 그대들이 다만 마음에 일이라고 할 것이 없어 사물에 대하여 무심하면 비고도 신령스럽고 공하고도 묘하려니와, 만일 털끝만치라도 근본과 끝이 있다고 말하면 모두가 스스로를 속이는 것이 된다.

大中初武陵太守薛廷望再崇德山精舍。號古德禪院(相國裴休題額見存)。將訪求哲匠住持。聆師道行屢請不下山。廷望乃設詭計。遣吏以茶鹽誣之言犯禁法。取師入州瞻禮。堅請居之。大闡宗風(總印禪師開山創院鑒即第二世住也)。師上堂謂眾曰。於己無事則勿妄求。妄求而得亦非得。汝但無事於心無心於事。則虛而靈空而妙。若毛端許言之本末者皆為自欺。

---

5) 상국 배휴가 쓴 편액이 지금까지 전해져 남아 있다. (원주)

털끝만치라도 생각에 얽매이면 삼도의 업인(業因)이 되고, 잠깐이라도 망정을 일으키면 만 겁의 굴레가 된다. 범부와 성인이란 말이 온통 메아리요, 잘생기고 못생긴 것이 모두가 환이거늘 그대들이 구한다는 것이 어찌 허물이 아니랴. 더구나 그것을 싫어한다면 또 하나의 큰 병을 이루니, 끝내 무익한 일일 뿐이다."

대사가 법상에 올라 말하였다.

"오늘 밤에는 문답을 하지 않겠다. 묻는 자는 30방망이를 때리겠다."

이때에 어떤 승려가 나서서 절을 하려는데, 대사가 얼른 때리니 승려가 말하였다.

"저는 아직 아무 말도 묻지 않았는데, 화상께서는 왜 저를 때리십니까?"

대사가 말하였다.

"그대는 어디 사람인가?"

"신라 사람입니다."

毫氂繫念三塗業因。瞥爾生情萬劫羈鎖。聖名凡號盡是虛聲。殊相劣形皆爲幻色。汝欲求之得無累乎。及其厭之又成大患。終而無益。師上堂曰。今夜不答問話。問話者三十拄杖。時有僧出方禮拜。師乃打之。僧曰。某甲話也未問。和尙因什麼打某甲。師曰。汝是什麼處人。曰新羅人。

대사가 말하였다.

"그대가 배에 오르려 할 때에 30방망이를 때렸어야 좋았을 것이다."6)

어떤 승려가 와서 뵈니 대사가 유나에게 물었다.
"오늘 몇 사람이나 새로 왔는가?"
"여덟 사람입니다."
"데리고 와서 한꺼번에 조서를 꾸며라."

용아(龍牙)가 물었다.
"학인이 막야검(鏌鋣劍)7)을 짚고 와서 스님의 목을 끊으려 하면 어찌하시겠습니까?"

師曰。汝上船8)時便好與三十拄杖(法眼云。大小德山語作兩橛。玄覺云。叢林中喚作隔下語且從。只如德山道問話者三十拄杖意作麽生)。有僧到參。師問維那。今日幾人新到。對曰。八人。師曰。將來一時生案著。龍牙問。學人仗鏌鋣劍擬取師頭時如何。

---

6) 법안(法眼)이 말하기를 "딱한 덕산(德山)이 말을 두 가닥으로 했구나." 하였다.
  현각(玄覺)이 말하기를 "총림에서 격하시키는 말을 한 것은 고사하고, 덕산이 '묻는 자는 30방망이를 때리겠다.'라고 말한 뜻이 무엇이겠는가?" 하였다. (원주)
7) 막야검(鏌鋣劍) : 명검의 이름. 본래 갖춘 지혜를 비유한 말.
8) 上船이 원나라본에는 未跨船舷으로 되어 있다.

대사가 목을 늘어뜨리니[9], 용아가 말하였다.

"머리가 떨어졌습니다."

대사가 빙그레 웃었다.

나중에 용아가 동산(洞山)에게 가서 앞의 이야기를 하니, 동산이 말하였다.

"덕산이 무엇이라 하던가?"

"덕산께서는 아무 말이 없으셨습니다."

"말이 없었다는 소리는 그만두고, 덕산의 떨어진 머리를 주워다가 노승에게 바쳐라."

용아가 허물을 뉘우치고 사죄하였다.

어떤 사람이 대사에게 이것을 들어 이야기하니, 대사가 말하였다.

"동산 노인은 좋고 나쁜 것도 모른다. 그 놈은 죽은 지가 언제인데 구원해서 무엇 하려 하는가?"

師引頸(法眼別云。汝向什麽處下手)。龍牙曰。頭落也。師微笑。龍牙後到洞山舉前語。洞山曰。德山道什麽。云德山無語。洞山曰。莫道無語。且將德山落底頭呈似老僧。龍牙省過懺謝。有人舉似師。師曰。洞山老人不識好惡。這箇漢死來多少時。救得有什麽用處。

---

9) 법안(法眼)이 따로 말하기를 "그대가 어디에다 손을 대겠는가?" 하였다. (원주)

어떤 승려가 물었다.
"어떤 것이 보리입니까?"
대사가 때리면서 말하였다.
"나가거라. 이 속에다 똥을 누지 말라."

어떤 승려가 물었다.
"어떤 것이 부처입니까?"
대사가 말하였다.
"부처란 서천(西天)의 늙은 비구이니라."

설봉(雪峯)이 물었다.
"위로부터의 종풍(宗風)은 어떤 법을 사람에게 보였습니까?"
대사가 말하였다.
"나의 종(宗)에는 말할 것이 없다. 진실로 한 법도 남에게 전해 줄 것이 없느니라."
암두(巖頭)가 듣고 말하였다.

僧問。如何是菩薩。師打曰。出去莫向這裏屙。僧問。如何是佛。師曰。佛即是西天老比丘。雪峯問。從上宗風以何法示人。師曰。我宗無語句。實無一法與人。巖頭聞之曰。

"덕산 노인의 한 줄기 척추가 쇠보다 더 강해서 휘어도 꺾이지 않는다. 그렇다고는 하나 교법을 제창하는 부문에서는 아직도 비슷할 뿐이다."[10]

대사는 평상시에 승려가 와서 물으면 매번 주장자로 때렸다. 임제(臨濟)가 이 말을 듣고, 시자를 보내 뵙게 하면서 "덕산이 그대를 때리거든 그저 주장자를 빼앗아 가슴을 한 대 때려라."고 하였다.

시자가 찾아가서 절을 하려는데 대사가 때리자, 임제의 말대로 주장자를 빼앗아서 한 대 때리니, 대사가 방장실로 돌아갔다.

德山老人一條脊梁骨硬似鐵拗不折。然雖如此於唱教門中猶較些子(保福拈問招慶。只如巖頭出世有何言教過。於德山便恁麼道。慶云。汝不見巖頭道。如人學射久久方中。福云。中時如何。慶云。展闍黎莫不識痛痒。福云。和尚今日非唯擧話。慶云。展闍黎是什麼心行。明昭云。大小招慶錯下名言)。師尋常遇僧到參。多以拄杖打。臨濟聞之遣侍者來參。教令德山若打汝但接取拄杖當胸一拄。侍者到方禮拜。師乃打。侍者接得拄杖與一拄。師歸方丈。

---

10) 보복(保福)이 문제를 들어 초경(招慶)에게 묻기를 "암두(巖頭)가 세상에 나와서 어떤 말을 한 것이 덕산보다 낫기에 그렇게 말합니까?" 하니, 초경이 대답하기를 "그대는 보지 못했는가? 암두가 말하기를 사람이 활쏘기를 배우되 오래오래 하면 적중한다 하지 않았는가?" 하였다. 이에 보복이 말하기를 "적중한 때는 어떠합니까?" 하니, 초경이 대답하기를 "보복은 아프고 가려움을 모르는 이가 아니오." 하였다. 이에 보복이 또 말하기를 "화상은 오늘 말만 하는 것이 아니시군요." 하니, 초경이 대답하기를 "보복은 오늘 무슨 마음씨인고?" 하였다. 이때에 명소(明昭)가 말하기를 "초라한 초경이 말을 잘못했구나." 하였다. (원주)

시자가 돌아와서 임제에게 이야기하니, 임제가 말하였다.
"전부터 그를 의심했었다."[11]

대사가 법상에 올라 말하였다.
"물으면 허물이 있고, 묻지 않아도 어긋난다."
어떤 승려가 나와서 절을 하니, 대사가 때렸다. 이에 그 승려가 말하였다.
"제가 겨우 절을 했을 뿐인데 왜 때리십니까?"
"네가 입을 열기를 기다려서 무엇 하랴."

대사가 시자를 시켜 설봉(雪峯)을 불러오게 하여 설봉이 오니, 대사가 말하였다.

侍者迴舉似臨濟。濟云。後來疑這箇漢(巖頭云。德山老人尋常只據目前一箇杖子。佛來亦打祖來亦打。爭奈較些子。東禪齊云。只如臨濟道我從前疑這漢。是肯底語不肯語。為當別有道理。試斷看)。師上堂曰。問即有過不問又乖。有僧出禮拜。師便打。僧曰。某甲始禮拜。為什麼便打。師曰。待汝開口堪作什麼。師令侍者喚義存(即雪峯也)。存上來。師曰。

---

11) 암두(巖頭)가 말하기를 "덕산 노인은 항상 눈앞의 주장자 하나를 믿고 부처가 와도 때리고 조사가 와도 때렸지만 비슷할 뿐이니 어찌 밝다 하랴." 하였다.
동선제(東禪齊)가 말하기를 "임제가 처음부터 그를 의심했었다 말한 것은 그를 긍정한 말인가? 부정한 말인가? 그 밖에 다른 도리가 있는가 판단해 봐라." 하였다. (원주)

"내가 스스로 설봉을 불렀는데 네가 와서 무엇 하겠는가?"
설봉은 대답이 없었다.

어떤 승려가 오는 것을 보고 대사가 문을 닫았다. 그 승려가 와서 문을 두드리니, 대사가 물었다.
"누구인가?"
"사자 새끼입니다."
대사가 문을 열어 주니, 그 승려가 절을 하였다. 이에 대사가 그의 목에 올라 앉아서 말하였다.
"이 짐승아, 어디를 갔다 왔느냐?"

설봉이 물었다.
"옛 사람이 고양이 새끼의 목을 끊은 뜻이 무엇입니까?"
대사가 때려서 내쫓았다가 다시 "대사여." 하고 부르면서 말하였다.
"알겠는가?"

我自喚義存。汝又來作什麼。存無對。師見僧來乃閉門。其僧敲門。師曰。阿誰。曰獅子兒。師乃開門。僧禮拜。師便騎項曰。這畜生什麼處去來。雪峯問。古人斬猫兒意如何。師乃打趂。却喚曰。會麼。

설봉이 말하였다.
"모르겠습니다."
"내가 이렇게도 간곡히 하는데 모르는가?"

어떤 승려가 물었다.
"범부와 성인의 거리가 얼마입니까?"
대사가 할을 하였다.

대사가 병이 났는데, 어떤 승려가 물었다.
"병들지 않는 이가 있겠습니까?"
"있다."
"어떤 것이 병들지 않는 이입니까?"
"아야, 아야."
다시 대중에게 말하였다.
"허공을 두드리고 메아리를 쫓는 것은 그대들의 정신만을 괴롭히는 일이다. 꿈을 깨고 잘못을 깨닫는다지만 끝내 무슨 일이 있으랴."

峯曰。不會。師曰。我恁麼老婆也不會。僧問。凡聖相去多少。師便喝。師因疾。有僧問。還有不病者無。師曰。有。曰如何是不病者。師曰。阿邪阿邪。師復告諸徒曰。捫空追響。勞汝心神。夢覺覺非竟有何事。

말을 마치고는 태연히 앉아서 열반에 드니, 때는 당의 함통(咸通) 6년 을유(乙酉) 12월 3일이었다. 수명은 86세이고, 법랍은 65세이며, 시호는 견성 대사(見性大師)였다.

言訖安坐而化。即唐咸通六年乙酉十二月三日也。壽八十六。臘六十五。勅諡見性大師。

 토끼뿔

㎈ 대사가 "오늘 밤에는 문답을 하지 않겠다. 묻는 자는 30방망이를 때리겠다." 하니, 이때에 어떤 승려가 나서서 절을 하려 하자, 대사가 얼른 때렸는데

대사가 때리려 할 때, 그 방망이를 빼앗고 법상을 엎고는 덕산을 방장실로 밀어 넣었어야 했다.

㎈ 대사가 목을 늘어뜨리니, 용아가 "머리가 떨어졌습니다." 하자, 대사가 빙그레 웃었을 때

목을 늘어뜨린 선사를 일으켜 손을 잡고 춤을 추며 "막야검무올시다." 했어야 했다.

㎈ "내가 스스로 설봉을 불렀는데 네가 와서 무엇 하겠는가?" 했을 때

"뜰에는 꽃과 향기 가득하고 창공엔 기러기가 팔자로 납니다. 나누지도 합하지도 마소서." 했어야 했다.

홍주(洪州) 늑담(泐潭) 보봉(寶峯) 화상

어떤 승려가 새로 왔는데 대사가 그에게 말하였다.
"그 안의 일은 말하기 쉽지만 그 안에 떨어지지 않는 일은 말하기 어렵다."
그 승려가 말하였다.
"제가 길에 있을 때에 이런 한 질문이 있을 줄 알았습니다."
대사가 말하였다.
"다시 20년쯤 행각을 한다 해도 많다고 하지 못하겠구나."
"화상의 뜻에 계합되지 않는 것은 없습니까?"
"쓴 참외로 어찌 손〔客〕을 대접하리오."

대사가 승려에게 물었다.
"옛사람이 후대의 초심자를 맞이하는 외길이 있는데 그대가 알겠는가?"

洪州泐潭寶峯和尚。有僧新到。師謂曰。其中事即易道。不落其中事始終難道。僧曰。某甲在途時便知有此一問。師曰。更與二十年行腳也不較多。曰莫不契和尚意麼。師曰。苦瓜那堪待客。師問僧。古人有一路接後進初心。汝還知否。

승려가 물었다.
"스님께서 옛사람들의 외길을 가리켜 보여 주십시오."
대사가 말하였다.
"그렇다면 그대도 알아 마쳤겠구나."
"머리 위에다 다시 머리를 붙이시는군요."
"내가 그대에게 물은 것이 합당하지 못하구나."
승려가 말하였다.
"물은들 어찌 방해롭겠습니까?"
대사가 말하였다.
"이 속에서는 일찍이 어떤 사람도 도리를 어지러이 말하지 않았다. 나가라."

曰請師指出古人一路。師曰。恁麼即闍梨知了也。曰頭上更安頭。師曰。寶峯不合問仁者。曰問又何妨。師曰。這裏不曾有人亂說道理出去。

 토끼뿔

ᑦ 그 승려가 말하기를 "제가 길에 있을 때에 이런 질문이 있을 줄 알았습니다."했을 때

대원이었다면 때렸으리라. 긍정의 할이라 하겠는가? 꾸짖는 할이라 하겠는가? 여기에도 속하지 않는 할이라 하겠는가?

ᑦ "옛 사람이 후대의 초심자를 맞이하는 외길이 있는데 그대가 알겠는가?"했을 때

그 승려는 손뼉을 쳤어야 했다.
"험."

앞의 길주(吉州) 성공(性空) 선사의 법손

흡주(歙州) 무원(茂源) 화상

평전(平田)이 뵈러 왔기에 대사가 몸을 일으키려 하니, 평전이 붙들고 말하였다.

"입을 열면 틀리고 입을 다물면 죽으니, 이런 때를 떠나서 말씀해 주십시오."

대사가 손으로 귀를 가리고 있을 뿐이니, 평전이 손을 놓으면서 말하였다.

"한 걸음은 쉽고, 두 걸음은 어렵다더니…."

前吉州性空禪師法嗣。歙州茂源和尚。平田來參。師欲起身。平田乃把住曰。開口即失閉口即喪。去却恁麼時請師道。師以手掩耳而已。平田放手曰。一步易兩步難。

대사가 말하였다.

"무엇이 그리 급한가?"

평전이 혼잣말로 말하였다.

"이 스님이 아니었더라면 제방의 점검(點檢)을 면치 못했을 뻔했구나."

師曰。有什麼死急。平田曰。若非此箇師。不免諸方點檢。

 토끼뿔

  어진 마는 채찍만 들어도 달린다더니 과연 과연 평전(平田)이로다.

소산(疎山) 광인(光仁) 선사

광인 선사가 상당(上堂)할 때 대중이 모였다.

대사는 방장실에서 나와 선상으로 가는 도중에 대중에게 말하였다.

"평생에 행각한 안목을 저버리지 않고 질문을 하라. 그런 이가 있겠는가?"

그리고는 법상에 올라 앉으려는데 어떤 승려가 나와서 절을 하니, 대사가 말하였다.

"자신을 저버리지도 않고 대중을 따르는 것이 무엇인가?"

그리고는 방장실로 돌아갔다.

이튿날 다른 승려가 앞의 말의 뜻을 설명해 달라고 하자, 대사가 말하였다.

"밥 때에 밥이 있으니 그대가 먹을 것이요, 밤에는 자리가 있으니 그대가 자면 되거늘 늘상 나만을 졸라서 무엇 하겠는가?"

疎[12]山光仁禪師。上堂次大眾集。師從方丈出未至禪床謂眾曰。不負平生行脚眼目致箇問訊將來。還有麼。方乃升堂坐。時有僧出禮拜。師曰。不負我且從大眾何也。便歸方丈。翌日有別僧請辨前語意旨如何。師曰。齋時有飯與汝喫。夜後有床與汝眠。一向煎迫我作什麼。

---

12) 疎가 송, 원, 명나라본에는 踈로 되어 있다.

승려가 절을 하니, 대사가 말하였다.

"괴롭다, 괴롭다."

승려가 대사에게 바로 가리켜 주기를 청하니, 대사가 발을 들고 말하였다.

"펴건 오무리건 내 마음대로이다."

僧禮拜。師曰。苦苦。僧曰。請師直指。師乃垂足曰。舒縮一任老僧。

 토끼뿔

"자신을 저버리지 않고 대중을 따르는 것이 무엇인가?" 했을 때

대원은 "간밤에 내린 서리 희디 희고, 가을 아침 창공은 푸르다. 대중이여 맡은 바 일터로 가자." 하리라.

앞의 경조(京兆) 취미(翠微) 무학(無學) 선사의 법손

악주(鄂州) 청평산(淸平山) 영준(令遵) 선사

영준 선사는 동평(東平) 사람으로 성은 왕(王)씨이다. 어릴 때에 고향의 북보리사(北菩提寺)에 의지해 있다가 당의 함통(咸通) 6년에 머리를 깎았다.
나중에 활주(滑州) 개원사(開元寺)에 가서 구족계를 받고 율학(律學)을 전공하였다.
그러다가 어느 날 동료들에게 말하였다.

前京兆翠微無學禪師法嗣。鄂州淸平山令遵禪師。東平人也。姓王氏。少依本州北菩提寺。唐咸通六年落髮。後詣滑州開元寺受具。攻律學。一日謂同流曰。

"사문은 생사를 철저히 해결하고 불법의 현묘한 이치를 통달해야 하는데, 만일 책장에만 매여 문자에 걸려 있다면 모두가 바다의 모래를 세는 것이어서 헛되이 마음을 괴롭힐 뿐이다."

그리고는 하던 일을 치우고 멀리 선원을 찾아 강릉의 백마사(白馬寺)로 가니, 큰방에 혜근(慧勤)이라는 노숙이 있었다. 대사가 그를 가까이 섬기면서 물으니, 혜근이 말하였다.

"내가 오랫동안 단하(丹霞)를 섬기었는데 이제는 늙어서 후학을 지도하기 어려우니, 그대는 취미(翠微)를 찾아가 뵈어라. 그는 나의 도반이니라."

대사는 그를 하직하고, 바로 취미에게 가서 물었다.

"어떤 것이 서쪽에서 오신 명확한 뜻입니까?"

취미가 말하였다.

"사람이 없기를 기다렸다가 너에게 말해 주겠다."

대사가 말없이 있다가 말하였다.

夫沙門應決徹生死玄通佛理。若乃孜孜卷軸役役拘文。悉數海沙徒勞片心。遂罷所業遠參禪會。至江陵白馬寺。堂中遇一老宿名曰慧勤。師親近詢請。勤曰。吾久侍丹霞。今既垂老倦於提誘。汝可往謁翠微。彼即吾同參也。師禮辭而去。造於翠微之堂。問如何是西來的的意。翠微曰。待無人即向汝說。師良久曰。

"사람이 없으니 스님께서 말씀해 주십시오."

취미가 선상에서 내려와 대사를 데리고 대밭으로 들어갔다. 이에 대사가 또 말하였다.

"사람이 없으니 스님께서 말씀해 주십시오."

취미가 대를 가리키면서 말하였다.

"저 장대는 저렇게 길고, 이 장대는 이렇게 짧구나."

대사가 비록 그 미묘한 말을 알아듣기는 하였으나 아직도 현묘한 뜻은 알지 못하였다.

문덕(文德) 원년에 상채(上蔡)에 가니, 때마침 주장(州將)이 불법을 소중히 여길 줄 알아서 대통선원(大通禪苑)을 짓고 대사에게 종요(宗要)를 펴 달라 하였다. 이에 대사가 처음에 취미를 뵙던 이야기를 하고는 대중에게 말하였다.

"선사(先師)께서 물과 진흙을 가리지 않고 뛰어들어서 나를 가르치셨거늘, 나 스스로가 좋고 나쁨을 알지 못했을 뿐이다."

無人也請師說。翠微下禪床引師入竹園。師又曰。無人也請和尚說。翠微指竹曰。這竿得恁麼長。那竿得恁麼短。師雖領其微言猶未徹其玄旨。文德元年抵上蔡。會州將重法創大通禪苑。請闡宗要。師自舉初見翠微語句。謂眾曰。先師入泥入水為我。自是我不識好惡。

대사는 이로부터 10년을 교화하다가, 광화(光化) 때에 이르러 권속 백여 명을 거느리고 악주로 가서 절도사(節度使)인 두홍(杜洪)의 청에 따라 청평산 안락원에 머물렀다.

법상에 올라 대중에게 말하였다.
"여러 상좌들이여, 출가한 사람은 반드시 불법의 뜻을 알아야 한다. 불법의 뜻을 아는 데는 승속과 남녀와 귀천이 없다. 다만 집이 넉넉하건 넉넉하지 않건 안락하면 된다.
여러 상좌들은 모두가 오랫동안 총림에 있으면서 여러 존숙을 두루 참배한 사람들인데 불법의 뜻을 어떻게 알고 있는가?
대가(大家)들이여, 시험삼아 나와서 헤아려 보자. 공연히 기고만장하지 말라. 나중에 한 가지 일도 이루지 못하여 일생을 헛되이 보내게 될 뿐이다.

師自此化導將十稔。至光化中領徒百餘遊鄂州。從節度使杜洪請居淸平山安樂院。上堂曰。諸上座。夫出家人須會佛意始得。若會佛意不在僧俗男女貴賤。但隨家豐儉安樂便得。諸上座。盡是久處叢林遍參尊宿。且作麼生會佛意。試出來大家商量。莫空氣高。至後一事無成一生空度。

만일 불법의 뜻을 알지 못하면, 설사 머리 위로 물을 뿜고, 발밑에서 불을 내며, 몸을 태우고, 팔을 지지며, 총명하여 변재가 좋고, 권속을 천 명, 이천 명 모으며, 설법을 구름과 빗발같이 하고, 강의할 때에 하늘에서 꽃이 어지러이 떨어지더라도 다만 삿된 말로서 시비를 다툴 뿐이니, 불법과는 거리가 너무 멀다할 것이다.

　여러분들은 다행히 몸이 건강하여 온갖 어려움을 만나지 않았으니, 이 공부를 가까이 하는 데 무슨 방해가 있겠는가? 불법의 뜻을 깨닫기에 좋을 것이다."

이때에 어떤 승려가 나서서 물었다.

"어떤 것이 대승입니까?"

대사가 말하였다.

"삼바[13]이니라."

"어떤 것이 소승입니까?"

"돈 꾸러미이니라."

若未會佛意。直饒頭上出水足下出火燒身鍊臂。聰慧多辯聚徒一千二千。說法如雲如雨。講得天華亂墜。只成箇邪說爭競是非。去佛法大遠在。諸人幸値色身安健不値諸難。何妨近前著些工夫。體取佛意好。時有僧問。如何是大乘。師曰。麻索。曰如何是小乘。師曰。錢貫。

---

13) 삼바 : 삼베를 꼬아 만든 노끈.

어떤 승려가 물었다.
"어떤 것이 청평의 가풍입니까?"
대사가 말하였다.
"밀가루 한 말로 세 개의 전병을 만든다."

"어떤 것이 선입니까?"
"원숭이가 나무에 올라 꼬리를 걸고 엎어졌느니라."

"어떤 것이 유루(有漏)[14]입니까?"
"조리(笊籬)이니라."
"어떤 것이 무루(無漏)[15]입니까?"
"표주박이니라."

"낯을 맞대고 서로 드러내 볼 때에는 어떠합니까?"
"전좌(典座)에게 전해 주라고 분부했다."

問如何是淸平家風。師曰。一斗麪作三箇餠。問如何是禪。師曰。胡孫上樹尾連顚。問如何是有漏。師曰。笊籬。曰如何是無漏。師曰。木杓。問覿面相呈時如何。師曰。分付與典座。

---

14) 유루(有漏) : 번뇌를 다하지 못한 것. 일체 함이 있고 끝이 있는 모든 것.
15) 무루(無漏) : 번뇌를 모두 여읨. 함이 없고 끝이 없는 모든 것.

그 밖에 근기에 맞는 방편이 그때의 상황에 맞추어서 거스르고 따르고 펴고 오무리니, 말이 격식을 초월하였다.

천우(天祐) 16년 정월 25일 오시에 입적하니, 수명은 75세였다. 주(周)의 현덕(顯德) 6년에 시호를 법희 선사(法喜禪師)라 하고, 탑호는 선응(善應)이라 하였다.

自餘逗機方便靡徇時情。逆順卷舒語超格量。天祐十六年正月二十五日午時歸寂。壽七十有五。周顯德六年勅諡法喜禪師。塔曰善應。

 토끼뿔

"어떤 것이 대승입니까?" 했을 때
대원이었다면 "대승이다." 하고

"어떤 것이 소승입니까?" 했을 때도
대원이었다면 "소승이다." 했을 것이다.

어떤 뜻에서 그렇게 했겠는가?
"빨리 일러라, 빨리 일러봐."

서주(舒州) 투자산(投子山) 대동(大同) 선사

　대동 선사[16]는 본주 회녕 사람으로 성은 유(劉)씨이다. 어릴 때에 낙하(洛下) 보당(保唐)의 만(滿) 선사에 의해 출가하여 처음에는 안반관(安般觀)[17]을 익히다가 다음에는 『화엄경』을 보고 성품의 바다를 깨달았다.
　그러다가 다시 취미산의 법회에 가서 선종의 종지를 단박에 깨달았다.[18] 이로부터 놓아 버리고 마음대로 두루 다니다가 고향으로 돌아와서 투자산에 은거하여 초막을 짓고 살았다.
　어느 날, 조주 화상이 동성현(桐城縣)에 이르렀는데, 대사도 산을 내려가다가 도중에서 만났으나 서로 알아보지 못하였다. 조주가 속인들에게 몰래 물어서 투자임을 알고 돌아 와서 물었다.

　舒州投子山大同禪師。本州懷寧人也。姓劉氏。幼歲依洛下保唐滿禪師出家。初習安般觀。次閱華嚴教發明性海。復謁翠微山法席頓悟宗旨(語見翠微章)。由是放任周遊歸旋故土。隱投子山結茅而居。一日趙州諗和尚至桐城縣。師亦出山途中相遇未相識。趙州潛問俗士知是投子。乃逆而問曰。

---

16) 대동 선사(819 ~ 914).
17) 안반관(安般觀) : 수식관. 숨을 헤아려 마음의 흔들림을 막는 수행법.
18) 이 내용은 취미장에 있다. (원주)

"투자산의 주인이 아니십니까?"

대사가 말하였다.

"용돈이나 한 푼 주시오."

조주가 먼저 암자에 와서 앉아있는데, 대사가 나중에 기름 한 병을 들고 돌아왔다. 이에 조주가 말하였다.

"투자의 소문을 들은 지 오래건만 와서 보니 기름 장수 늙은이뿐이로군요."

"그대는 기름 장수 늙은이만 보았지 투자는 알아보지 못하는군요."

"어떤 것이 투자입니까?"

"기름이오, 기름."

조주가 다시 물었다.

"죽음 속에서 살 길을 얻은 때에는 어떠합니까?"

"밤에 다니는 것은 허락하지 않으니 밝거든 오시오."

조주가 말하였다.

莫是投子山主麼。師曰。茶鹽錢乞一箇。趙州即先到庵中坐。師後携一缾油歸庵。趙州曰。久嚮投子。到來只見箇賣油翁。師曰。汝只見賣油翁且不識投子。曰如何是投子。師曰。油油。趙州問。死中得活時如何。師曰。不許夜行投明須到。趙州曰。

"내가 후백(侯白)[19]이라 여겼는데 다시 후흑(侯黑)이 있구나."[20]
이로부터 대사의 이름이 천하에 퍼지니 승려들이 많이 모여들었다.

대사가 대중을 향해 말하였다.
"그대들은 여기에 와서 신선한 어구나, 잘 다듬어진 화려한 사륙문체나, 입에 담을 만한 희귀한 말이나 찾으려고 하는데, 늙은 나는 기력이 부치고 입술과 혀가 둔하다. 만일 그대들이 묻는다면 나는 그저 물음에 따라 대답하겠으나 그대들에게 전해 줄 현묘함이랄 것은 없다.

我早侯白伊更侯黑(同諗二師互相問酬廣如本集。其辭句簡健意趣玄險。諸方謂趙州投子得逸群之用)。自爾師道聞天下。雲水之侶競奔湊焉。師謂眾曰。汝諸人來這裏。擬覓新鮮語句。攢華四六。口裏貴有可道。我老人氣力稍劣脣舌遲鈍。汝若問我。我便隨汝答對。也無玄妙可及於汝。

---

19) 후백(侯白)은 중국에서 사람을 잘 속이기로 유명한 자였는데, 후흑(侯黑)이란 여자에게 오히려 속임을 당했다는 일화가 있다.
20) 대동(大同)과 종심(從諗) 두 사람이 서로 문답한 것은 각각 본집(本集)에 있는데, 그 말이 간결 건장하고 뜻이 깊고 힘차므로 사람들이 "투자와 조주는 뛰어난 무리의 작용을 얻었다." 하였다. (원주)

또 그대들에게 화살받이가 되라고 가르치지도 않고, 향상(向上)과 향하(向下), 부처와 법, 범부와 성인이 있다고 말하지도 않으며, 또한 앉아 있는 것에 얽매여 있으라고도 하지 않는다. 그대들 모두가 천 가지 변화를 부린다고 하여도, 모두 그대들 스스로 알음알이로 낸 짐을 지고 와서 스스로가 짓고 스스로가 받는 것이다. 그러나 여기에는 아무것도 그대들에게 줄 것이 없고, 감히 그대를 속일 수도 없으며, 그대들에게 설할 만한 안팎도 없다. 그대들은 알겠는가?"

이때에 어떤 승려가 물었다.

"안이니 밖이니도 받아들이지 않을 때에는 어떠합니까?"

대사가 말하였다

"그대는 그 속에서 화살받이가 되려 하는가?"

"대장교(大藏敎)[21] 속에도 기특한 일이 있습니까?"

"대장교를 연출하는구나."

亦不教汝垜根。終不說向上向下。有佛有法有凡有聖。亦不存坐繫縛。汝諸人變現千般。總是汝生解自擔帶將來自作自受。這裏無可與汝。不敢誑嚇汝。無表無裏可得說似汝。諸人還知麼。時有僧問。表裏不收時如何。師曰。汝擬向這裏垜根。僧問。大藏教中還有奇特事也無。師曰。演出大藏教。

---

21) 대장교(大藏敎) : 부처님의 교설. 대장경(大藏經).

"어떤 것이 눈을 뜨기 전의 일입니까?"
"눈이 맑고 길고 넓어서 청련(靑蓮) 같으니라."

"모든 부처와 불법이 모두 이 경에서 나왔다니, 어떤 것이 이 경입니까?"
"그러한 이름으로 그대들은 잘 받들어 지녀라."

"고목 속에도 용의 울음이 있습니까?"
"나는 해골 속에도 사자의 울부짖음이 있다고 하노라."

"한 법이 온갖 중생을 두루 적신다 하니, 어떤 것이 한 법입니까?"
"비가 내리는구나."

"한 티끌이 법계를 머금을 때에는 어떠합니까?"
"벌써 몇 티끌이 되었구나."

問如何是眼未開時事。師曰。目淨脩廣如青蓮。問一切諸佛及諸佛法皆從此經出。如何是此經。師曰。以是名字汝當奉持。問枯木中還有龍吟也無。師曰。我道髑髏裏有獅子吼。問一法普潤一切群生。如何是一法。師曰。雨下也。問一塵含法界時如何。師曰。早是數塵也。

"금 사슬이 열리기 전은 어떠합니까?"
"열렸다."

"학인이 수행을 하고자 할 때는 어찌합니까?"
"허공은 무너진 적이 없었느니라."

설봉(雪峯)이 모시고 서 있는데, 대사가 암자 앞의 돌덩어리 하나를 가리키면서 말하였다.
"삼세의 부처님이 모두 저 속에 있다 하겠느냐?"
설봉이 말하였다.
"저 속에 있다는 것마저 허락하지 않는 이도 있다는 것을 알아야 합니다."
대사가 그대로 암자로 돌아가서 앉았다.

어느 날, 설봉이 대사를 따라 용면(龍眠) 암주(庵主)를 찾아가다 물었다.

問金鎖未開時如何。師曰。開也。問學人欲修行時如何。師曰。虛空不曾爛壞。雪峯侍立。師指庵前一塊石曰。三世諸佛總在裏許。雪峯曰。須知有不在裏許者。師乃歸庵中坐。一日雪峯隨師訪龍眠庵主。雪峯問。

"용면으로 가는 길이 어디입니까?"
대사가 주장자로 앞쪽을 가리키니, 설봉이 말하였다.
"동쪽으로 갈까요, 서쪽으로 갈까요?"
"깜깜하구나."

다른 날에 설봉이 또 물었다.
"한 망치로 당장 이루어졌을 때에는 어떠합니까?"
대사가 말하였다.
"이것은 성품이라고도 못한다."
"한 망치도 빌리지 않을 때에는 어떠합니까?"
"깜깜하구나."

어느 날, 대사가 암자에 앉아있는데 설봉이 물었다.
"화상이시여, 여기에도 뵈러 오는 이가 있습니까?"
대사가 평상 밑에서 괭이를 들어 앞에다 던지니, 설봉이 말하였다.

龍眠路向什麼處去。師以拄杖指前面。雪峯曰。東邊去西邊去。師曰。漆桶。雪峯異日又問。一槌便成時如何。師曰。不是性漢。雪峯曰。不假一槌時如何。師曰。漆桶。師一日庵中坐。雪峯問。和尚此間還有人參否。師於床下拈钁頭拋向面前。雪峯曰。

"그러면 파야 하겠습니다."

"깜깜하여 답답하구나."

설봉이 떠나는데, 대사가 문까지 전송을 나와 갑자기 불렀다.

"도자(道者)여."

설봉이 고개를 돌리고 대답하니, 대사가 말하였다.

"가는 길에 조심하라."

어떤 승려가 물었다.

"묵은해가 가고 새해가 왔는데 이 두 길에 걸리지 않는 것이 있습니까?"

대사가 말하였다.

"있다."

"어떤 것이 두 길에 걸리지 않는 것입니까?"

"설날 아침이 밝으니 만물이 새롭구나."

恁麼即當處掘去也。師曰。漆桶不快。雪峯辭去。師出門送。驀召曰。道者。雪峯迴首應諾。師曰。途中善爲。僧問。故歲已去新歲到來。還有不涉二[22]途者也無。師曰。有。僧曰。如何是不涉二途[23]者。師曰。元正啓祚萬物惟新。

---

22) 二가 송. 원나라본에는 此二로 되어 있다.
23) 二途가 송. 원나라본에는 없다.

"비슷해서 반달 같고, 모양 없는 세 개의 별과 같은 것은 하늘땅도 거두지 못하니, 스님은 어느 곳을 향해서 밝히시겠습니까?"

"무어라 하는가?"

"생각건대 스님은 다만 고인 물의 물결은 있어도 하늘을 찌르는 파도는 없으시군요."

"부질없는 소리로구나."

"같은 종류에서 왔을 때에는 어떠합니까?"

"인간 종류에서 왔는가? 말 종류에서 왔는가?"

"부처가 부처에게 전하고 조사가 조사에게 전했다 하니, 무슨 법을 전했습니까?"

"나는 부질없는 말은 모른다."

問依俙似半月岡[24]象若三星。乾坤收不得。師向何處明。師曰。道什麼。僧曰。想師只有湛水之波。且無滔天之浪。師曰。閑言語。問類中來時如何。師曰。人類中來馬類中來。問佛佛授手祖祖相傳。未審傳箇什麼法。師曰。老僧不解謾語。

---

24) 岡이 원나라본에는 仿으로 되어 있다.

"어떤 것이 문에서 나와 부처를 보지 못한 것입니까?"
"볼 곳도 없느니라."
"어떤 것이 방에 들어와서 부모도 여의는 것입니까?"
"태어난 적도 없느니라."

"어떤 것이 불길 속에 몸을 숨기는 것입니까?"
"어디 숨을 곳이 있느냐?"
"어떤 것이 숯 더미 속에 몸을 숨기는 것입니까?"
"나는 그대가 옻〔漆〕같이 검다 하노라."

"분명하건만 밝지 못할 때에는 어떠합니까?"
"밝다."

"어떤 것이 말후구(末後句)입니까?"
"최초도 밝힐 수 없다."

問如何是出門不見佛。師曰。無所覩。曰如何是入室別爺孃。師曰。無所生。問如何是火焰裏藏身。師曰。有什麼掩處。曰如何是炭堆裏藏身。師曰。我道汝黑似漆。問的的不明時如何。師曰。明也。問如何是末後一句。師曰。最初明不得。

"싹을 보면 땅을 알고 말하는 것을 보면 사람을 안다는데, 무엇으로 판단하고 압니까?"
"당겨도 당겨지지 않는다."

"선원 안에 있는 삼백 명 가운데 숫자에 들지 않은 사람도 있습니까?"
"100년 전과 50년 뒤를 보라."

대사가 어떤 승려에게 물었다.
"소산(疎山)의 생강을 오랫동안 누린 것은 이것이 아닌가?"
승려가 대답이 없었다.[25]

어떤 승려가 물었다.
"박옥(璞玉)을 안고 스님께 귀의하니, 스님께서 잘 새겨 주십시오."
대사가 말하였다.

問從苗辨地因語識人。未審將何辨識。師曰。引不著。問院裏三百人。還有不在數者無。師曰。一百年前五十年後看取。師問僧。久嚮疎山薑頭莫便是否。無對(法眼代云。嚮重和尙日久)。僧問。抱璞投師。請師雕琢。師曰。

---

25) 법안(法眼)이 대신 말하기를 "화상과 거듭 누린 지 오래입니다." 하였다. (원주)

서주(舒州) 투자산(投子山) 대동(大同) 선사

"기둥이나 대들보감이 못 된다."
승려가 말하였다.
"그렇다면 변화(卞和)[26]가 몸 나갈 곳이 없겠습니다."
대사가 말하였다.
"메고 다니려면 절룩거리면서 고생하겠다."
"메고 다니지 않을 때에는 어떠합니까?"
"그대처럼 '박옥을 안고 스님께 귀의하니 새겨 주십시오.'라고 하지 않는다."

"나타 태자가 뼈를 쪼개서 아버지께 바치고 살은 베어서 어머니께 드렸다는데, 어떤 것이 나타 태자의 본래 몸입니까?"
대사가 손에 들었던 주장자를 던졌다.

또 물었다.
"불법이라는 두 글자의 청탁(淸濁)을 어떻게 가려야 합니까?"

不為棟梁材。曰恁麼即卞和無出身處也。師曰。擔帶即伶俜辛苦。曰。不擔帶時如何。師曰。不教汝抱璞投師更請雕琢。問那吒太子析骨還父析肉還母。如何是那吒本來身。師放下手中杖子。問佛法二字如何辨得清濁。

---

26) 변화(卞和) : 변화는 춘추시대 초나라 무왕(武王)에게 박옥을 바친 사람인데, 그 구슬이 가짜라고 하여 발꿈치를 잘렸다. 그러나 초의 문왕(文王)이 즉위하여 슬피 우는 변화를 기이하게 여겨 그 구슬을 다듬게 하니, 과연 박옥이 나타났다고 한다.

대사가 말하였다.

"불법이 청탁이니라."

"학인이 잘 모르겠습니다."

"그대는 아까부터 무엇을 물었는가?"

"모두가 같은 물인데 왜 바닷물은 짜고 강물은 싱겁습니까?"
"하늘에는 별이요, 땅에는 나무니라."[27]

"어떤 것이 조사의 뜻입니까?"
"미륵에게 수기한 곳을 찾아도 찾지 못했다."

"화상께서 여기에 살기 시작한 이래 어떤 경계가 나타났습니까?"
"귀밑머리를 딴 계집아이의 머리가 실같이 희구나."

師曰。佛法清濁。曰學人不會。師曰。汝適來問什麼。問一等是水爲什海鹹河淡。師曰。天上星地下木(法眼別云。大似相違)。問如何是祖師意。師曰。彌勒覓箇受記處不得。問和尚住此來有何境界。師曰。丱角女子白頭絲。

---

27) 법안(法眼)이 따로 말하기를 "대단히 서로 어기는 것과 같다." 하였다. (원주)

"어떤 것이 무정설법(無情說法)입니까?"
"오(惡)."

"어떤 것이 비로자나입니까?"
"이미 이름이 생겼구나."
"어떤 것이 비로자나의 스승입니까?"
"비로자나가 있기 전에 이미 알았다."

"뛰어난 한마디를 말씀해 주십시오."
"호(好)."

"사방의 산이 모여들 때에는 어떠합니까?"
"오온이 모두 공했다."

"한 생각도 나기 전에는 어떠합니까?"
"참으로 부질없는 말이구나."

問如何是無情說法。師曰。惡。問如何是毘盧。師曰。已有名字。曰如何是毘盧師。師曰。未有毘盧時會取。問歷落一句請師道。師曰。好。問四山相逼時如何。師曰。五蘊皆空。問一念未生時如何。師曰。眞箇謾語。

"범부와 성인의 거리가 얼마입니까?"

대사가 선상에서 내려섰다.

"학인이 하나를 물으면 화상께서는 곧 대답하시니, 만일 천만 가지를 물으면 어찌하시겠습니까?"

"닭이 알을 품은 것 같으니라."

"하늘 위와 하늘 아래서 '나'가 가장 존귀하다 했는데, 어떤 것이 '나'입니까?"

"그 늙은이[老胡][28]를 넘어뜨린들 무슨 허물이 있었겠는가?"

"어떤 것이 화상의 스승입니까?"

"맞이하여도 그 머리를 볼 수 없고, 쫓아가도 그 모습을 볼 수 없다."

問凡聖相去幾何。師下禪床立。問學人一問即和尚答。忽若千問萬問時如何。師曰。如雞抱卵。問天上天下唯我獨尊。如何是我。師曰。推倒這老胡有什麼過。問如何是和尚師。師曰。迎之不見其首。隨之不見其形。

---

28) 노호(老胡) : 원문의 노호(老胡)는 여기서는 부처님을 말한다.

"등상을 조성하다가 채 이루지 못했을 때에는 몸이 어디에 있습니까?"
"어지럽게 조작하지 말라."
"그렇지만 현전에 나타나지 않으니 어찌하겠습니까?"
"어디에 숨었던가?"

"눈 없는 사람은 어떻게 걸음을 걷습니까?"
"시방에 두루하느니라."
"눈이 없는데 어찌 시방에 두루하다곤들 하겠습니까?"
"붙어있는 눈이랄 것도 없다."

"어떤 것이 서쪽에서 오신 뜻입니까?"
"숨지 않았다."

"달이 둥글지 않을 때에는 어떠합니까?"
"두 개이건 세 개이건 삼켜 버려라."

問塑像未成未審身在什麼處。師曰。莫亂造作。僧曰。爭奈現不現何。師曰。隱在什麼處。問無目底人如何進步。師曰。遍十方。僧曰。無目為什麼遍十方。師曰。著得目也無。問如何是西來意。師曰。不諱。問月未圓時如何。師曰。吞却兩三箇。

"둥근 뒤에는 어떠합니까?"
"일곱 개이건 여덟 개이건 토해 버려라."

"해와 달이 밝기 전에는 부처와 중생이 어디에 있었습니까?"
"내가 성내는 것을 보거든 성낸다 하고, 내가 기뻐하는 것을 보거든 기뻐한다 해라."

대사가 어떤 승려에게 물었다.
"어디서 왔는가?"
"동서산(東西山)에 가서 조사님께 예배하고 옵니다."
"조사는 동서산에 있는 것이 아니다."
승려가 대답이 없었다.[29]

"어떤 것이 현묘한 가운데의 분명한 것입니까?"
"그대의 입으로 말해서는 도달하지 못한다."

僧曰。圓後如何。師曰。吐却七八箇。問日月未明。佛與眾生在什麼處。師曰。見老僧瞋便道瞋。見老僧喜便道喜。師問僧。什麼處來。曰東西山禮祖師來。師曰。祖師不在東西山。僧無語(法眼代云。和尚識祖師)。問如何是玄中的。師曰。不到汝口裏道。

---

29) 법안(法眼)이 대신 말하기를 "화상은 조사를 아십니까?" 하였다. (원주)

"우두(牛頭)가 4조를 보기 전에는 어떠합니까?"
"남의 스승이 되느니라."
"본 뒤에는 어떠합니까?"
"남의 스승이랄 것도 없다."

"부처님들이 세상에 나신 것은 오직 일대사인연(一大事因緣) 때문이라 하는데, 어떤 것이 일대사인연입니까?"
"윤사공(尹司空)이 나에게 개당(開堂)할 것을 청했다."

"어떤 것이 부처입니까?"
"허깨비는 구할 수 없느니라."

"천 리를 걸어 스승을 찾아왔으니, 스님께서 한번 가르쳐 주십시오."
"오늘은 내가 허리가 아프다."

問牛頭未見四祖時如何。師曰。與人爲師。又問。見後如何。師曰。不與人爲師。問諸佛出世唯以一大事因緣。如何是一大事因緣。師曰。尹司空請30)老僧開堂。問如何是佛。師曰。幻不可求。問千里尋師乞師一接。師曰。今日老僧腰痛。

---

30) 請이 송, 원나라본에는 爲로 되어 있다.

채두(菜頭)가 방장에 들어와서 법을 물으니, 대사가 말하였다.

"갔다가 아무도 없을 때에 오면 말해 주리라."

이튿날 채두가 아무도 없는 틈을 타서 다시 와 말해 달라고 하니, 대사가 말하였다.

"가까이 오너라."

채두가 가까이 가서 서니, 대사가 말하였다.

"함부로 남에게 이야기하지 말라."

"목구멍과 입술을 닫고 말씀해 주십시오."
"그대는 다만 내가 말을 못하기를 바라는구나."

"달마가 오기 전에는 어떠합니까?"
"하늘과 땅에 두루했느니라."
"온 뒤에는 어떠합니까?"
"덮어도 덮을 수 없느니라."

菜頭入方丈請益。師曰。且去待無人時來為闍梨說。菜頭明日伺得無人又來請和尚說。師曰。近前來。菜頭近前。師曰。輒不得舉似於人。問併却咽喉脣吻請師道。師曰。汝只要我道不得。問達磨未來時如何。師曰。遍天遍地。曰來後如何。師曰。蓋覆不得。

승려가 물었다.

"화상께서 선사(先師)님을 뵙기 전에는 어떠했습니까?"

대사가 말하였다.

"온통인 몸이어서 어쩌지 못했다."

"선사를 뵌 뒤에는 어떠합니까?"

"온통인 몸이어서 두드려도 부서지지 않았다."

승려가 말하였다.

"스승에게 얻은 것이 있습니까?"

대사가 말하였다.

"끝내 서로 저버리지는 않았다."

"그러면 스승에게서 얻었군요."

"스스로 분명한 눈이라야 뒤쫓아 얻는다."

"그러시면 선사를 저버리신 것입니다."

"선사만을 저버린 것이 아니라 나까지도 저버렸다."

問和尚未見先師時如何。師曰。通身不奈何。曰見先師後如何。師曰。通身撲不碎。曰還從師得也無。師曰。終不相孤負。曰恁麼即從師得也。師曰。自著眼趁取。曰恁麼即孤負先師也。師曰。非但孤負先師。亦乃孤負老僧。

"7불은 문수의 제자라는데, 문수도 스승이 있습니까?"
"방금 그렇게 말하는 것이 흡사 자기를 낮추고 남에게 미루는 것 같구나."

"금닭이 울기 전에는 어떠합니까?"
"그런 소리가 없겠지."
"운 뒤에는 어떠합니까?"
"제각기 때를 안다.."

"사자는 짐승의 왕인데, 어찌하여 육진에 먹힙니까?"
"크게 아상(我相)과 인상(人相)이 있기 때문이니라."

대사가 투자산에 산 지 30년 동안에 왕래하면서 깨우침을 받고 배우는 이가 항상 방에 가득하였다.

問七佛是文殊弟子。文殊還有師也無。師曰。適來恁麽道也。大似屈己推人。問金雞未鳴時如何。師曰。無這箇音響。曰鳴後如何。師曰。各自知時。問獅子是獸中之王。為什麼被六塵吞。師曰。不作大無人我。師居投子山三十餘載。往來激發請益者常盈於室。

대사는 그들을 받아들여 두려움 없는 변재로 물음에 따라 즉석에서 대답해 주니, 안팎에서 쪼아서 이루어진 좋은 문답이 퍽 많으나 이제 그만 기록한다.

당의 중화(中和) 때에 황소(黃巢)의 난이 일어나서 천하가 어지러워졌을 때에 미친 무리가 칼을 들고 산으로 올라와서 대사에게 물었다.
"어찌하여 여기에 머무는 것인가?"
대사가 알맞게 설법해 주니, 괴수가 듣고 굴복하여 절을 하고는 몸에 입었던 옷을 벗어 바치고는 떠났다.
대사가 건화(乾化) 4년 갑술(甲戌) 4월 6일에 병이 나자 대중이 의원을 청하니, 대사가 말하였다.
"사대의 움직임이 모였다 흩어졌다 하는 것은 예사이니, 그대들은 걱정을 말라. 내가 알아서 잘 보전하리라."

師縱之以無畏辯。隨問遽答啐啄同時微言頗多。今略錄少分而已。唐中和年巢寇暴起天下喪亂。有狂徒持刃上山。問師住此何為。師乃隨宜說法。魁渠聞而拜伏。脫身服施之而去。師乾化四年甲戌四月六日示有微疾。大眾請醫。師謂眾曰。四大動作聚散常程。汝等勿慮。吾自保矣。

말을 마치자 가부좌를 맺고 앉아서 입멸하니, 수명은 96세였다. 시호는 자제 대사(慈濟大師)이고, 탑호는 진적(眞寂)이라 하였다.

言訖跏趺坐亡。壽九十有六。詔諡慈濟大師。塔曰眞寂。

 토끼뿔

∞ "모든 부처와 불법이 모두 이 경에서 나왔다니, 어떤 것이 이 경입니까?" 했을 때

대원이었다면 "이때니라." 하며 손을 올렸을 것이다.

∞ "삼세의 부처님이 모두 저 속에 있다 하겠느냐?" 했을 때

대원이었다면 "저 속이랄 것이 뭐 있습니까?" 하며, 대사의 옆구리를 쥐어박았으리라.

∞ "모두가 같은 물인데 왜 바닷물은 짜고, 강물은 싱겁습니까?" 했을 때

대원이었다면 산을 가리키며 "사람들은 저 산을 꿈속에서와 같이 수용하지…." 했을 것이다.

☞ "동서산(東西山)에 가서 조사님께 예배하고 옵니다."했을 때

대원은 "동서나 찾고 다니는 예배는 예배일 수 없다."하리라.

☞ "금닭이 운 뒤에는 어떠합니까?"했을 때

대원은 "배고프면 먹고, 곤하면 잔다."하리라.

호주(湖州) 도량산(道場山) 여눌(如訥) 선사

여눌 선사에게 어떤 승려가 물었다.
"어떤 것이 교리의 뜻입니까?"
대사가 말하였다.
"그대 스스로를 보아라."
승려가 절을 하니, 대사가 말하였다.
"밤하늘에 밝은 달이 비추니 산과 강의 형세가 분명하구나."

승려가 물었다.
"어찌하여야 듣는 성품이 인연을 따라가지 않습니까?"
"그대가 잘 들어 봐라."
승려가 절을 하니, 대사가 말하였다.
"귀머거리여서 호가조(胡茄調)[31]를 부르면서도 좋고 나쁨과 높고 낮음을 스스로 듣지 못하는구나."

湖州道場山如訥禪師。僧問。如何是敎意。師曰。汝自看。僧禮拜。師曰。明月鋪霄漢山川勢自分。問如何得聞性不隨緣去。師曰。汝聽看。僧禮拜。師曰。聾人也唱胡笳調。好惡高低自不聞。

---

31) 호가조(胡茄調) : 날라리 가락에 맞추어 부르는 노래.

승려가 말하였다.

"그렇다면 듣는 성품이 분명하군요."

대사가 말하였다.

"돌이 허공 속에 서 있고, 불이 물속에서 탄다."

"허공도 끝이 있습니까?"

"그대는 너무 아는 것이 많다."

승려가 절을 하니, 대사가 말하였다.

"3척 지팡이로 해와 달을 꿰어 매고 한 티끌이 날아올라 능히 하늘을 덮는다."

"어떤 것이 도인입니까?"

"다니는데 자취가 없고 앉고 서지만 아는 사람이 없다."

"어찌해야 옳습니까?"

"세 개의 도가니에 힘이 다하니 연기도 불꽃도 없고, 만경(萬頃)의 평평한 밭에는 물이 흐르지 않는다."

僧曰。恁麼即聞性宛然也。師曰。石從空裏立。火向水中焚。問虛空還有邊際否。師曰。汝也太多知。僧禮拜。師曰。三尺杖頭挑日月。一塵飛起任遮天。問如何是道人。師曰。行運無蹤迹。起坐絶人知。僧曰。如何即是。師曰。三爐力盡無煙焰。萬頃平田水不流。

"한 생각도 내지 않을 때에는 어떠합니까?"

"뛰어나 무엇 하려 하는가?"

승려가 대답이 없으니, 대사가 다시 말하였다.

"용문을 뚫고 올라가니 비와 구름이 합하고, 산천과 대지는 들어가 자취 없다."

대사는 눈에 중동(重瞳)³²⁾이 있고 손을 내리면 무릎을 지났다. 취미에게 비결을 받은 뒤에 도량산에 와서 풀을 베어 암자를 세우니, 배우는 무리가 사방에서 모여들어 선원을 이루어 교화를 널리 펴게 되었다. 남긴 물건으로는 헤진 납의 세 벌과 개산(開山)할 때의 주장자와 나막신이 있는데, 지금도 영당(影堂)에 남아 있다.³³⁾

問一念不生時如何。師曰。堪作什麼。僧無語。師又曰。透出龍門雲雨合。山川大地入無蹤。師目有重瞳。垂手過膝。自翠微受訣。乃止於道場山薙草卓庵。學徒四至遂成禪苑。廣闡法化。所遺壞衲三事及開山拄杖木屐。今在影堂中(按塔銘云。師姓許氏。吳興人。七歲去氏。於烏墩光福寺。八年於京師受具戒。抵豫章得心印。於翠微後結廬於道場山。猛摯之獸馴戢如奉教)。

---

32) 중동(重瞳) : 눈동자가 겹으로 된 것.
33) 탑명(塔銘)에 이르기를 '대사의 성은 허씨이니 오흥(吳興) 사람이다. 7세에 속세를 떠나 오돈(烏墩)의 광복사(光福寺)에 살다가 8년 만에 서울에 가서 구족계를 받고 이어 예장(豫章)에 가서 취미에게 인가를 받았다. 나중에 도량산에다 초암을 짓고 사니 사납던 짐승들도 길이 들어 마치 가르침을 받는 것 같았다.'라고 하였다. (원주)

 토끼뿔

"한 생각도 내지 않을 때에는 어떠합니까?" 했을 때

대원은 "장등석이 가장 정직하게 보인다." 하리라.

건주(建州) 백운(白雲) 약(約) 선사

약(約) 선사[34]에게 어떤 승려가 물었다.
"공한 집에 치우쳐 앉지도 않고, 배울 것 없는 지위에 살지도 않는 이런 사람은 응당히 어떤 곳에 머물러야 하겠습니까?"
대사가 말하였다.
"맑은 하늘에는 번개가 없다."

천태산(天台山)의 덕소(德韶) 화상이 뵈러 오니, 대사가 물었다.
"어디서 오는가?"
덕소가 말하였다.
"강북(江北)에서 옵니다."
"배로 왔는가, 육지로 왔는가?"
"배로 왔습니다."

建州白雲約禪師(曾住江州東禪院)。僧問。不坐偏空堂。不居無學位。此人合向什麼處安置。師曰。青天無電影。天台韶和尚參。師問。什麼處來。韶曰。江北來。師曰。船來陸來。曰船來。

---

34) 일찍이 강주 동선원에 머물렀다. (원주)

대사가 말하였다.

"물고기와 자라들을 보았겠군."

덕소가 말하였다.

"간혹 만났습니다."

"만났을 때 어찌하였는가?"

덕소가 "돌(咄)." 하고 머리를 움추리고 물러가니, 대사가 껄껄 웃었다.

師曰。還逢見魚鼈麼。曰往往遇之。師曰。遇時作麼生。韶曰。咄。縮頭去。師大笑。

 토끼뿔

"공한 집에 치우쳐 앉지도 않고, 배울 것 없는 지위에 살지도 않는 이런 사람은 어떤 곳에 머물러야 하겠습니까?" 했을 때

대원은 "물을 만나면 건너고 산을 만나면 넘는다." 하리라.

담주(潭州) 도오산(道吾山) 원지(圓智) 선사의 법손

담주(潭州) 석상산(石霜山) 경제(慶諸) 선사

경제 선사는 여릉(廬陵) 신금(新淦) 사람으로 성은 진(陳)씨이다. 13세에 홍정(洪井) 서산(西山) 소란(紹鑾) 선사에 의해 머리를 깎았다.

23세에 숭악(嵩嶽)에 가서 구족계를 받고 낙하(洛下)에 가서 율장을 배웠다. 비록 법도를 듣고 알기는 했으나 결국은 점종(漸宗)이라 여기고 다시 대위산(大潙山)의 법회에 가서 미두(米頭)[35]의 소임을 맡았다.

潭州道吾山圓智禪師法嗣。潭州石霜山慶諸禪師。廬陵新淦人也。姓陳氏。年十三依洪井西山紹鑾禪師落髮。二十三嵩嶽受具。就洛下學毘尼之敎。雖知聽制終爲漸宗。迴抵大潙山法會爲米頭。

---

[35] 미두(米頭) : 사찰의 곡식을 관리하는 직책.

어느 날 쌀광에서 쌀을 까부르는데, 위산이 와서 말하였다.

"시주 받은 물건을 흘리지 말라."

"흘리지 않습니다."

위산이 땅바닥에서 쌀 한 톨을 주워 들고서 말하였다.

"그대가 흘리지 않았다고 말하는데 이건 어디서 났는가?"

대사가 대답이 없었다. 이에 위산이 다시 말하였다.

"이 한 톨을 속이지 말라. 백 천 톨이 모두 이 한 톨에서 나온다."

"백 천 톨은 이 한 톨에서 난다지만, 이 한 톨은 어디서 났습니까?"

위산이 껄껄 웃으면서 방장실로 돌아갔다가 저녁에 법상에 올라 말하였다.

"대중들이여, 쌀 속에 벌레가 있다."

대사가 나중에 도오를 뵙고 물었다.

一日師在米寮內篩米。潙山云。施主物莫拋撒。師曰。不拋撒。潙山於地上拾得一粒云。汝道不拋撒。這箇什麼處得來。師無對。潙山又云。莫欺這一粒子。百千粒從這一粒生。師曰。百千粒從這一粒生。未審這一粒從什麼處生。潙山呵呵笑歸方丈。晚後上堂云。大眾米裏有蟲。師後參道吾問。

"어떤 것이 보는 것마다 보리입니까?"
도오가 "사미야." 하고 불러 사미가 대답하니, 도오가 말하였다.
"정병에다 물을 더 부어라."
도오가 다시 대사에게 물었다.
"그대는 아까 무엇을 물었지?"
대사가 앞의 말을 다시 하면서 물으니, 도오가 곧 일어나 가버렸다. 대사가 여기에서 깨달았다.

도오가 물었다.
"내가 병이 나서 머지않아 세상을 떠날 것이다. 마음속에 물건이 있은 지 오래되어 병이 되었는데, 누가 없애 주겠는가?"
대사가 말하였다.
"마음도 물건도 모두 아니니, 없애려고 하면 더욱 병이 됩니다."
도오가 말하였다.
"어질구나, 어질어."

如何是觸目菩提。道吾喚沙彌。沙彌應諾。吾曰。添淨缾水著。吾却問師。汝適來問什麼。師乃舉前問。道吾便起去。師從此省覺。道吾曰。我疾作將欲去世。心中有物久而為患。誰可除之。師曰。心物俱非除之益患。道吾曰。賢哉賢哉。

이때가 바로 겨우 두 하안거를 지낸 승려 때였는데, 세상을 피해 장사성(長沙城) 유양현(瀏陽縣)에 있는 도자기 굽는 마을에 숨어 사니, 하루종일 같이 지낸 사람도 알아보지 못하였다.

나중에 동산(洞山) 양개(良价) 화상이 승려를 보내 찾으니 정체가 드러나서 동산의 추천으로 석상산에 살게 되었다.

다른 날, 도오가 대중을 버리고 세상을 떠나려고 할 때에 대사를 맏제자로 삼고 몸소 석상산에 와서 살았다. 대사는 날마다 부지런히 모시면서 스승께 예를 다하였다. 도오가 입적하고 나서 학인이 구름같이 모여 500명이 되었다.[36]

어느 날, 대중에게 말하였다.

"일대시교(一代時敎)는 당시 사람들의 몸 둘 곳을 다스린 것일 뿐이다. 그 까닭은 모두가 경계에만 떨어져 있기 때문이다.

바로 법신에 이르러서는 몸이 아니라고 하는 것이 교가(敎家)의 극칙이지만, 우리 사문들은 전혀 긍정할 수 없는 일이다.

於時始為二夏之僧。因避世混俗於長沙瀏陽陶家坊。朝遊夕處人莫能識。後因洞山价和尚遣僧訪尋囊錐始露。乃舉之住石霜山。他日道吾將捨眾順世。以師為嫡嗣。躬至石霜而就之。師日勤執侍全於師禮。曁道吾歸寂。學侶雲集盈五百眾(廣語出別卷)。一日謂眾曰。一代時教整理時人脚手。凡有其由皆落在今時。直至法身非身此是教家極則。我輩沙門全無肯路。

---

36) 자세한 말은 다른 권에 있다. (원주)

만일 나눈다면 어긋나고 나누지 않는다 해도 흙탕물에 빠지는 것이니, 그 까닭은 오직 마음과 뜻에 의하여 망령되게 지껄이고 보고 듣고 하는 것이기 때문이다."

어떤 승려가 물었다.
"어떤 것이 서쪽에서 오신 뜻입니까?"
대사가 말하였다.
"공중에 한 조각 돌이니라."
승려가 절을 하니, 대사가 말하였다.
"알겠는가?"
"모르겠습니다."
"모르는 게 다행이다. 알았다 하면 그대의 머리를 부쉈을 것이다."

"어떤 것이 화상의 본분의 일입니까?"
"돌머리에서 땀이 나겠는가?"

若分卽差。不分卽坐著泥水。但由心意妄說見聞。僧問。如何是西來意。師曰。空中一片石。僧禮拜。師曰。會麼。曰不會。師曰。賴汝不會。若會卽打破你頭。問如何是和尙本分事。師曰。石頭還汗出麼。

"이 속에 이르러서는 어째서 이르지 못한다 합니까?"
"발바닥에 입이 붙었다."

"참몸〔眞身〕도 세상에 나왔습니까?"
"세상에 나오는 것이 아니다."
"어찌 참몸이라고는 하겠습니까?"
"유리병의 주둥이로다."

대사가 방장실에 앉아있는데, 어떤 승려가 밝은 창 밖에서 물었다.
"지척에 있는데 어째서 스님의 얼굴이 보이지 않습니까?"
"나는 온누리에 두루하여 숨은 일이 없노라."
그 승려가 설봉(雪峯)에게 가서 물었다.
"온누리에 두루하여 숨은 일이 없다는 뜻이 무엇입니까?"
설봉이 말하였다.

問到這裏為什麼却道不得。師曰。脚底著口。問真身還出世也無。師曰。不出世。曰爭奈真身何。師曰。瑠璃缾子口。師居方丈。有僧在明窓外問。咫尺之間為什麼不覩師顏。師曰。我道遍界不曾藏。僧舉問雪峯。遍界不曾藏意旨如何。雪峯曰。

"어디가 석상 아닌 곳인가?"

그 승려가 다시 대사에게 와서 설봉의 말을 전하니, 대사가 말하였다.

"그 노장이 무엇이 그렇게 급한가?"[37]

운개(雲蓋)가 물었다.
"만 호의 문이 모두 닫힌 것은 묻지 않겠습니다만, 만 호의 문이 모두 열린 때는 어떠합니까?"
대사가 말하였다.
"방 안의 일은 어떠한가?"
"그를 만날 사람이 없습니다."

什麽處不是石霜。僧迴擧雪峯之語呈師。師曰。老大漢有什麽死急(東禪齊云。只如雪峯是會石霜意不會石霜意。若會也他爲什麽道死急。若不會作麽生。雪峯豈可不會然。法且無異。奈以師承不同解之差別。他云遍界不曾藏也。須曾學來始得會。亂說即不可)。雲蓋問。萬戶俱閉即不問。萬戶俱開時如何。師曰。堂中事作麽生。曰無人接得渠。

---

37) 동선제(東禪齊)가 말하기를 "설봉은 석상의 뜻을 알았을까, 몰랐을까? 알았다면 어째서 그 노장이 그렇게 급했으며, 알지 못했다면 어째서 그랬는가? 설봉이 어찌 모를 수 있으랴. 그러나 법은 다르지 않지만 스승에게서 이어받음이 같지 않고, 아는 데에 차별이 있다. 그가 말한 온누리에 두루하여 숨은 일이 없다는 말은 배운 이라야 안다. 함부로 지껄이면 안 된다." 하였다. (원주)

대사가 말하였다.

"이르기는 퍽 잘 일렀다마는 겨우 열에서 8, 9를 일렀다."

"화상께서는 어떻게 이르시겠습니까?"

"그를 만난 사람도 없다 하리라."[38]

"불성이 허공과 같다 함이 무엇입니까?"

"누웠을 때는 있고 앉았을 때는 없다."

"한 발 옮기는 것마저 잊었을 때는 어떠합니까?"

"그대는 같이 즐길 만하지 못하다."

師曰。道也大殺道。也只道得八九成。曰未審和尙作麽生道。師曰。無人接得渠(東禪齊云。只如石霜意作麽生。若道一般。前來爲什麽不許伊。若道別有道理。又只重說一遍。且道古人意作麽生)。問佛性如虛空如何。師曰。臥時卽有坐時卽無。問忘收一足時如何。師曰。不共汝同盤。

---

38) 동선제(東禪齊)가 말하기를 "저 석상의 뜻은 무엇인고? 만일 일반적으로 전해 오는 대로 이르면 어째서 이를 허락하지 않는고? 만약 따로 도리가 있어서 이른다 해도 또 다만 한쪽 편만 거듭 말하는 것이다. 말해 봐라. 옛 사람의 뜻이 무엇인가?" 하였다. (원주)

"바람이 불어 파도가 생길 때는 어떠합니까?"
"호남(湖南)의 성안이 대단히 시끄러워서 사람들이 강서(江西)로 가려 하지 않는가."

어떤 승려가 와서, 동산을 뵈었을 때 동산이 대중에게 보인 것을 대사에게 들어 말하였다.
"여러분, 여름이 끝나고 초가을에 혹은 동쪽으로 가고 혹은 서쪽으로 가는데, 곧장 만 리 밖에 한 치의 풀도 없는 곳으로 가야 한다. 그러니 만 리 밖에 한 치의 풀도 없는 곳에 어떻게 가겠는가?"
대사가 이 말을 듣고 말하였다.
"문을 나섰다 하면 곧 풀이다."
그 승려가 동산에게 이 이야기를 하니, 동산이 말하였다.

問風生浪起時如何。師曰。湖南城裏大殺鬧。有人不肯過江西。因僧擧洞山參次示眾曰。兄弟秋初夏末或東去西去。直須向萬里無寸草處去始得。又曰。只如萬里無寸草處。且作麼生去。師聞之乃曰。出門便是草。僧擧似洞山。洞山曰。

"대당국(大唐國) 안에 몇 사람이나 있을까?"[39]

대사가 석상산에 있은 지 20년 동안에 배우는 무리 가운데 장좌불와(長坐不臥)하는 이가 많기가 마치 나무그루와 같으므로 사람들이 고목대중(枯木大衆)이라 불렀다.

당의 희종(僖宗)이 대사의 도가 높다는 평판을 듣고 사신을 보내 자의(紫衣)를 하사했으나 대사는 끝내 사양하고 받지 않았다.

大唐國內能有幾人(東禪齊拈云。且道石霜會洞山意否。若道會去。只如諸上座每日折旋俯仰迎來送去。爲當落路下草。爲當復一一合轍。若言不會洞山意。又爭解恁麼下語。還有會處麼。上座擬什麼處去。於此若明得可謂還鄉曲也。不見也會著箇語云。恁麼即不去也)。師止石霜山二十年間。學眾有長坐不臥屹若株杌。天下謂之枯木眾也。唐僖宗聞師道譽遣使齎賜紫衣。師牢讓不受。

---

39) 동선제(東禪齊)가 문제를 들어 말하기를 "말해 봐라. 석상은 동산의 뜻을 알았을까? 만일 알고 일렀다면 여러 상좌들이 허리를 구부리고 펴고 보내고 맞이할 때에 길 밑의 풀에 떨어진 것인가? 그렇지 않으면 하나하나가 옛날의 법도에 맞던가? 만일 동산의 뜻을 몰랐다면 어떻게 그런 말을 할 수 있으랴. 알 도리가 있겠는가? 상좌들은 어디로 가려는가? 만일 이 일을 밝힌다면 가히 환향곡(還鄉曲)이라 하리라. 보지 못했는가? 일찍이 그가 말하기를 '그러면 간 것이라고도 할 수 없습니다.'라고 하였느니라." 하였다. (원주)

광계(光啓) 4년 무신(戊申) 2월 20일 기해(己亥)에 병을 보이고 입멸하니, 수명은 82세이고, 법랍은 59세였다.

그해 3월 15일에 선원의 서북 모퉁이에서 장사를 지내니, 시호는 보회 대사(普會大師)이고, 탑호는 견상(見相)이라 하였다.

光啓四年戊申二月二十日己亥示疾告寂。壽八十有二。臘五十九。三月十五日葬於院之西北隅。勅諡普會大師。塔曰見相。

 토끼뿔

○ "백 천 톨은 이 한 톨에서 난다지만, 이 한 톨은 어디서 났습니까?" 했을 때

대원은 한 대 때렸으리라.

○ "참몸〔眞身〕도 세상에 나왔습니까?" 했을 때

대원은 "어디가 밖이냐?" 하리라.

○ "만 호의 문이 모두 닫힌 것은 묻지 않겠습니다만, 만 호의 문이 모두 열린 때는 어떠합니까?" 했을 때

대원은 "북치고 대금 불며 춤추는 한마당이다." 하리라.

○ "불성이 허공과 같다 함이 무엇입니까?" 했을 때

대원은 "잘 봐라."라는 말과 동시에 한 대 때렸으리라.

☙ 동산이 "여러분, 여름이 끝나고 초가을에 혹은 동쪽으로 가고 혹은 서쪽으로 가는데, 곧장 만 리 밖에 한 치의 풀도 없는 곳으로 가야 한다. 그러니 만 리 밖에 한 치의 풀도 없는 곳에 어떻게 가겠는가?"라고 말한 것을 듣고, "문을 나섰다 하면 곧 풀이다."했는데

대원은 이르노라.
"문 밖을 대봐라."
"험."

담주(潭州) 점원(漸源) 중흥(仲興) 선사

중흥 선사가 도오(道吾)의 회상에서 전좌를 보았는데, 어느 날 도오를 따라 신도 집에 조상(弔喪)을 갔다가 관을 문지르면서 말하였다.

"살았습니까? 죽었습니까?"

도오가 말하였다.

"살았다고도 이르지 못하고, 죽었다고도 이르지 못하느니라."

"어째서 이르지 못합니까?"

"이르지 못하지, 이르지 못해."

조상을 마치고 같이 돌아오다가 대사가 말하였다.

"화상은 오늘 반드시 중흥에게 이르셔야 합니다. 만일 여전히 이르지 못하면 때리겠습니다."

"때리려면 때리라마는 살았다고도 이르지 못하고, 죽었다고도 이르지 못한다."

潭州漸源仲興禪師。在道吾處為典座。一日隨道吾往檀越家弔喪。師以手拊棺曰。生耶死耶。道吾曰。生也不道死也不道。師曰。為什麼不道。道吾曰。不道不道。弔畢同迴途次。師曰。和尚今日須與仲興道。儻更不道即打去也。道吾曰。打即任打。生也不道死也不道。

대사가 드디어 도오를 두어 주먹 갈겼다. 절에 돌아와서 도오가 말하였다.

　"딴 곳으로 가라. 만일 일 보는 승려가 알면 그대를 때릴 것이다."

　대사가 하직하고 석상에게로 가서 도오를 때린 앞의 이야기를 말하고, 화상께서 말씀해 주시기를 청한다고 하였다. 이에 석상이 말하였다.

　"그대는 도오가 살았다고도 이르지 못하고 죽었다고도 이르지 못한다 한 것을 보지 못했는가?"

　대사가 그 즉시 크게 깨닫고 재(齋)를 베풀어 참회하였다.

　어느 날, 대사가 괭이를 들고 법당의 지붕위에 올라가 동쪽에서 서쪽으로, 서쪽에서 동쪽으로 왔다갔다 하자 석상이 말하였다.

　"무엇을 하려는가?"

　"선사(先師)들의 사리를 찾고 있습니다."

　師遂打道吾數拳。道吾歸院令師且去。少間主事知了打汝。師乃禮辭往石霜。舉前語及打道吾之事。今請和尚道。石霜曰。汝不見道吾道生也不道死也不道。師於此大悟。乃設齋懺悔。師一日將鍬子於法堂上從東過西從西過東。石霜曰。作麼。師曰。覓先師靈骨。

석상이 말하였다.

"큰 파도는 넓어서 아득하고 거센 파도는 하늘을 찌르는데, 무슨 사리를 찾는가?"

대사가 말하였다.

"정말 힘쓰기 좋습니다."

"이 속에는 바늘을 찔러도 들어갈 곳이 없거늘 무슨 힘을 쓴다고 하는가?"[40]

石霜曰。洪波浩渺白浪滔天覓什麼靈骨。師曰。正好著力。石霜曰。這裏針劄不入著什麼力(太原孚上座代云。先師靈骨猶存)。

---

[40] 태원부(太原孚) 상좌가 대신 말하기를 "선사(先師)의 영골이 있다 하겠는가?" 하였다. (원주)

 토끼뿔

"살았습니까? 죽었습니까?" 했을 때

대원은 주장자를 눕히고 "죽는 것이라 하겠느냐, 사는 것이라 하겠느냐?" 하리라.

녹청(祿淸) 화상

녹청 화상에게 어떤 승려가 물었다.
"도오(道吾)의 기틀에도 떨어지지 않는 법을 스님께서 말씀해 주십시오."
대사가 말하였다.
"뜰 앞의 붉은 자리공 나무가 잎은 났으나 꽃이 피지 않았다."
그리고는 말없이 보이고 말하였다.
"알겠는가?"
"잘 모르겠습니다."
"이것이 바로 도오의 기틀이거늘 어째서 모르는가?"
승려가 절을 하니, 대사가 때리면서 말하였다.
"내가 그대를 때려야 했다."

祿淸和尙。僧問。不落道吾機請師道。師云。庭前紅莧樹生葉不生華。良久云。會麽。僧云。不會。師云。正是道吾機因什麽不會。僧禮拜。師便打云。須是老僧打你始得。

 토끼뿔

"도오(道吾)의 기틀에도 떨어지지 않는 법을 스님께서 말씀해 주십시오." 했을 때

대원은 "사리야." 하고, "잘못 전하지 말라." 하리라.

담주(潭州) 운암(雲巖) 담성(曇晟) 선사의 법손

균주(筠州) 동산(洞山) 양개(良价) 선사

양개 선사[41]는 회계(會稽) 사람으로 성은 유(兪)씨이다. 어릴 적에 스승을 따라 절에 가서 『반야심경(般若心經)』을 외우다가 육근(六根)과 육진(六塵)이 없는 이치를 물으니, 그 스승이 뛰어남에 놀라면서 말하였다.

"나는 그대의 스승이 아니다."

그리하여 바로 오설산(五洩山)에 가서 영묵(靈黙) 선사에게 귀의하여 머리를 깎고, 21세에 숭산(嵩山)에 가서 구족계를 받았다.

潭州雲巖曇晟禪師法嗣。筠州洞山良价禪師。會稽人也。姓兪氏。幼歲從師因念般若心經。以無根塵義問其師。其師駭異曰。吾非汝師。即指往五洩山禮默禪師披剃。年二十一嵩山具戒。

---

41) 양개 선사(807 ~ 869).

행각을 하면서 먼저 남전(南泉)을 뵈었는데, 때마침 마조(馬祖)의 제삿날이어서 재를 마련하다가 남전이 대중에게 물었다.

"내일 마 대사(馬大師)의 제사를 지내는데, 마 대사가 오시겠는가?"

대중이 아무도 대답하지 못하자, 대사가 나서서 말하였다.

"기다리십시오. 짝 되는 분이 있으면 바로 오실 테니."

남전이 이 말을 듣고 칭찬하였다.

"이 사람은 후학이지만 매우 뛰어나서 가르칠 만하구나."

대사가 말하였다.

"화상은 양민(良民)을 억압하여 천민으로 만들지 마십시오."

다음에는 위산(潙山)에게 가서 물었다.

"전에 듣건대 충 국사(忠國師)께서 무정설법(無情說法)을 하셨다는데 저는 그 미묘한 이치를 다 알지 못하겠습니다."

위산이 말하였다.

"지금 여기 나에게도 있지만 사람들이 얻기 어렵다고 할 뿐이다."

遊方首謁南泉。值馬祖諱晨修齋次。南泉垂問眾僧曰。來日設馬師齋。未審馬師還來否。眾皆無對。師乃出對曰。待有伴即來。南泉聞已讚曰。此子雖後生甚堪彫琢。師曰。和尚莫壓良為賤。次參潙山問曰。頃聞忠國師有無情說法。良价未究其微。潙山曰。我這裏亦有。只是難得其人。

"스님께서 저에게 일러주십시오."

위산이 말하였다.

"부모가 낳아 준 입으로는 감히 말할 수 없느니라."

"스님과 함께 도를 사모한 분이 계십니까?"

"여기서 석실(石室) 쪽으로 가면 운암(雲巖) 도인이 있는데, 만약 풀을 헤치고 덕풍을 우러른다〔撥草瞻風〕[42]면 반드시 그대가 존중하게 되리라."

이윽고 대사가 운암에게 이르러 물었다.

"무정설법을 어떤 사람이 듣습니까?"

운암이 말하였다.

"무정설법은 무정(無情)이라야 듣는다."

"화상께서는 들으셨습니까?"

"내가 들었다면 그대는 나의 설법을 들을 수 없을 것이다."

"그러면 양개(良价)는 화상의 설법을 듣지 못하였겠습니다."

曰便請師道。溈山曰。父母所生口終不敢道。曰還有與師同時慕道者否。溈山曰。此去石室相連有雲巖道人。若能撥草瞻風。必為子之所重。既到雲巖問。無情說法什麼人得聞。雲巖曰。無情說法無情得聞。師曰。和尚聞否。雲巖曰。我若聞汝即不得聞吾說法也。曰若恁麼即良价不聞和尚說法也。

---

42) 발초첨풍(撥草瞻風) : 원문의 발초첨풍(撥草瞻風)은 풀을 뽑고 덕풍을 우러른다는 뜻의 성어로, 미망을 걷어내고 큰 스님의 덕풍을 사모하고 쫓아간다는 뜻을 담고 있다.

운암이 말하였다.
"그대는 나의 설법도 듣지 못하거늘 하물며 무정설법이겠는가?"
이에 대사가 게송을 지어 운암에게 바쳤다.

신기하고도 신기하여라
무정설법의 부사의함이여
만약 귀로써 들으려면 끝내 알기 어렵고
눈으로 소리를 들어야 알게 될 것이네

마침내 운암을 하직하니 운암이 물었다.
"어디로 가는가?"
대사가 말하였다.
"화상의 곁을 떠나기는 하나 있을 곳을 정하지 않았습니다."

雲巖曰。我說汝尙不聞。何況無情說法也。師乃述偈呈雲巖曰。
也大奇也大奇
無情說法[43]不思議
若將耳聽終難會[44]
眼處聞聲方可知
遂辭雲巖。雲巖曰。什麽處去。師曰。雖離和尙未卜所止。

---

43) 說法이 송, 원나라본에는 解說로 되어 있다.
44) 終難會가 송, 원나라본에는 聲不現으로 되어 있다.

운암이 말하였다.

"호남(湖南)으로 가지 마라."

대사가 말하였다.

"무(無)."

"고향으로 가지 마라."

"무(無)."

"조만간에 돌아와라."

"화상께서 머무시는 곳이 생기면 곧 오겠습니다."

"이렇게 한 번 떠나면 서로 보기 어렵겠군."

"서로 보지 않기도 어렵습니다."

그리고는 도리어 운암에게 물었다.

"화상의 백 년 뒤에 어떤 사람이 스승의 참 모습을 물으면 어떻게 대답해야 하겠습니까?"

"그저 그에게 '다만 이러-할 뿐이다.'라고 말하라."

대사가 잠자코 있으니, 운암이 말하였다.

"이 일의 진실을 알려면 무척 자세히 살펴야 한다."

曰莫湖南去。師曰。無。曰莫歸鄉去。師曰。無。曰早晚却來。師曰。待和尚有住處即來。曰自此一去難得相見。師曰。難得不相見。又問雲巖。和尚百年後忽有人問還貌得師真不。如何祇對。雲巖曰。但向伊道只這箇是。師良久。雲巖曰。承當這箇事大須審細。

대사는 그래도 엷은 의심이 풀리지 않았는데, 나중에 냇물을 건너다가 물속의 그림자를 보고 앞의 취지를 크게 깨닫고 게송을 읊었다.

절대로 남에게 구하지 말라
아득하고 아득하게 나와는 멀어진다
내 이제 홀로 가노니
곳곳에서 그를 만난다

그가 바로 지금의 나이지만
지금의 나는 바로 그가 아니니
이렇게 깨달아 알아야
비로소 여여함에 계합하리라

師猶涉疑。後因過水覩影大悟前旨。因有一偈曰。
切忌從他覓
迢迢與我疎
我今獨自往
處處得逢渠
渠今正是我
我今不是渠
應須恁麼會
方得契如如

뒷날, 운암의 진영에 공양하는데 어떤 승려가 물었다.

"선사(先師)께서 '다만 이러-할 뿐이다.'라고 하셨다는데, 옳다고도 못할 것 아니겠습니까?"

대사가 말하였다.

"그렇다."

"그 뜻이 어떠합니까?"

"그 당시에 자칫했으면 선사의 말씀을 잘못 알 뻔하였다."

"선사께서도 아셨을까요?"

"만일 몰랐다면 어찌 그렇게 말했으리오."

잠시 있다가 말하였다.

"만일 알았다면 어찌 그렇게 말했으리오."[45]

대사가 늑담(泐潭)에 있을 때, 초(初) 상좌가 대중에게 보이고 말하였다.

他日因供養雲巖眞。有僧問曰。先師道只這是莫便是否。師曰。是。僧曰。意旨如何。師曰。當時幾錯會先師語。曰未審先師還知有也無。師曰。若不知有爭解恁麼道。若知有爭肯恁麼道(長慶稜云。既知有爲什麼恁麼道。又云。養子方知父慈)。師在泐潭見初上座示眾云。

---

45) 장경 릉(長慶稜)이 말하기를 "알았다면 어찌 그렇게 말했으리오." 하였다. 또 말하기를 "자식을 길러 봐야 부모의 은혜를 안다." 하였다. (원주)

"매우 신기하고도 매우 신기하구나. 부처님의 세계와 도의 세계가 부사의하도다."

이에 대사가 말하였다.

"부처님의 세계와 도의 세계는 묻지 않겠소. 이러히 부처님의 세계와 도의 세계를 말하는 사람은 누구요? 한마디만 말해 보시오."

초 상좌가 잠자코 대답이 없으니, 대사가 말하였다.

"왜 얼른 말하지 못하오?"

초 상좌가 말하였다.

"다투면 안됩니다."

"말해도 말한 적이 없거늘 어째서 다투면 안된다 하오?"

초 상좌가 대답이 없으니, 대사가 말하였다.

"부처와 도는 이름뿐인데 어째서 교리의 말도 인용하지 못하오?"

"교리에서는 무엇이라 했습니까?"

"뜻을 얻었거든 말을 버리시오."

也大奇也大奇佛界道界不思議。師曰。佛界道界即不問。且如說佛界道界是什麽人。只請一言。初良久無對。師曰。何不急道。初曰。爭即不得。師曰。道也未曾道。說什麽爭即不得。初無對。師曰。佛之與道只是名字。何不引教。初曰。教道什麽。師曰。得意忘言。

초 상좌가 말하였다.

"역시 교리의 뜻으로 마음에 병을 만드시는군요."

대사가 말하였다.

"부처의 세계와 도의 세계라는 병은 크기가 얼마나 되오?"

초 상좌는 이로 인하여 세상을 떠났다.

대사는 당의 대중(大中) 말년에 이르러 신풍산(新豊山)에서 학도들을 지도하기 시작한 뒤에 예장(豫章)의 고안(高安)에 있는 동산(洞山)⁴⁶⁾에서 교화를 크게 드날렸다.

운암의 제삿날에 재를 차리는데, 어떤 승려가 물었다.

"화상은 선사(先師)께 어떤 가리켜 보임을 받았습니까?"

대사가 말하였다.

"비록 거기에 있기는 했으나 아무런 가리켜 보임도 받지 못했다."

"아무런 가리켜 보임도 받지 못했다면 제사는 차려서 무엇 합니까?"

初日。猶將教意向心頭作病在。師日。說佛界道界病大小。初因此遷化。師至唐大中末。於新豊山接誘學徒。厥後盛化豫章高安之洞山(今筠州也)。因為雲巖諱日營齋。有僧問。和尚於先師處得何指示。師日。雖在彼中不蒙他指示。僧日。既不蒙指示。又用設齋作什麼。

---

46) 지금의 균주이다. (원주)

대사가 말하였다.
"비록 그렇지만 그 분을 저버릴 수는 없다."

어떤 승려가 물었다.
"화상은 처음에 남전을 뵙고 발심을 하셨는데, 왜 운암의 제사를 지내십니까?"
대사가 말하였다.
"나는 선사의 도덕을 중히 여기는 것이 아니며, 불법을 위해서도 아니다. 다만 나에게 설파하지 않은 것을 중히 여길 뿐이다."

기일(忌日)에 재(齋)를 지내는데, 어떤 승려가 물었다.
"화상은 선사를 위해 재를 지내시는데, 선사를 긍정하십니까?"
대사가 말하였다.
"반은 긍정하고 반은 긍정하지 않는다."
"어째서 완전히 긍정하지 않습니까?"
"만일 완전히 긍정하면 선사를 저버리는 것이 된다."

師曰。雖然如此焉敢違背於他。僧問。和尚初見南泉發迹。爲什麼與雲巖設齋。師曰。我不重先師道德。亦不爲佛法。只重不爲我說破。又因設忌齋。僧問。和尚爲先師設齋還肯先師也無。師曰。半肯半不肯。曰爲什麼不全肯。師曰。若全肯即孤負先師也。

어떤 승려가 물었다.

"화상의 본래의 스승을 뵙고자 하는데 어찌하여야 뵙겠습니까?"

대사가 말하였다.

"나이가 비슷하니 막힐 것이 없다."

승려가 의심되는 바를 다시 물으니, 대사가 말하였다.

"앞사람의 자취만을 따르지 말고 다시 한 번 물어 보길 청한다."

승려가 대답이 없었다. 이에 운거(雲居)가 대신 말하였다.

"그렇다면 저는 화상의 본래의 스승을 보는 것도 아니겠군요."[47]

대사가 또 말하였다.

"아직도 사은(四恩)[48]과 삼유(三有)[49]를 갚지 않을 이가 있는가? 만일 이 뜻을 체득하지 못하면 어찌 처음과 마지막의 근심을 초월하리오."

僧問。欲見和尙本來師如何得見。曰年涯相似卽無阻矣。僧再擧所疑。師曰。不躡前蹤更請一問。僧無對。雲居代云。恁麽卽某甲不見和尙本來師也 (後皎上坐拈問長慶。如何是年涯相似者。長慶云。古人恁麽道皎闍梨又向這裏覓箇什麽)。師又曰。還有不報四恩三有者無。若不體此意。何超始終之患。

---

47) 나중에 교상좌(皎上坐)가 이 문제를 들어 장경(長慶)에게 묻기를 "어떤 것이 나이가 비슷한 것인가?" 하니, 장경이 대답하기를 "옛 사람이 그렇게 말한 것을 교상좌는 다시 그 속에서 무엇을 찾는고?" 하였다. (원주)

48) 사은(四恩) : 부모, 스승, 국왕, 시주의 은혜.

49) 삼유(三有) : 선악의 업에 따라 받게 되는 욕유(欲有), 색유(色有), 무색유(無色有)를 말함.

그러므로 반드시 마음과 마음이 물건에 걸리지 않게 하고, 걸음과 걸음마다 처소가 없어야 항상 끊이지 않아 상응하리라."

대사가 어떤 승려에게 물었다.
"어디서 왔는가?"
그 승려가 대답하였다.
"산을 돌고 옵니다."
"정상에까지 갔던가?"
"갔었습니다."
"정상에도 사람이 있던가?"
"없었습니다."
"그러면 그대는 정상에 갔다 온 것이 아니군."
"정상까지 가지 않았다면 어찌 사람이 없는 줄 알겠습니까?"
"왜 그대는 거기에 머물지 않았나?"
"제가 머문다는 것까지도 사양함이 없다면 서천(西天)의 어떤 분들이 긍정치 않을 것입니다."

直須心心不觸物步步無處所。常不間斷稍得相應。師問僧。什麼處來。曰遊山來。師曰。還到頂否。曰到。師曰。頂上還有人否。曰無人。師曰。恁麼即闍梨不到頂也。曰若不到頂爭知無人。師曰。闍梨何不且住。曰某甲不辭住。西天有人不肯。

대사가 태(太) 장로에게 물었다.

"어떤 물건 하나가 위로는 하늘을 버티고 아래로는 땅을 버티고서, 항상 움직여 쓰는 가운데 있어서 검기로는 칠(漆)과 같다 했으니, 허물이 어디에 있는가?"

태 장로가 대답하였다.

"움직여 쓴다고 한 것에 허물이 있습니다."50)

대사가 꾸짖으면서 말하였다.

"나가라."

"어떤 것이 서쪽에서 오신 뜻입니까?"

대사가 말하였다.

"물소 뿔과 똑같다."

대사가 설봉에게 물었다.

"어디서 오는가?"

"천태산(天台山)에서 옵니다."

師問太長老曰。有一物上拄天下拄地常在動用中黑如漆過在什麼處。太曰。過在動用(同安顯別云。不知)。師乃咄云。出去。問如何是西來意。師曰。大似骸雞犀。師問雪峯。從什麼處來。雪峯曰。天台來。

---

50) 동안현(同安顯)이 따로 말하기를 "모릅니다." 하였다. (원주)

대사가 말하였다.

"지자(智者) 대사를 보았는가?"

"제가 쇠방망이를 맞을 일이 생겼군요."

어떤 승려가 물었다.

"뱀이 청개구리를 삼키는데 살려야 옳습니까, 살리지 않아야 옳습니까?"

대사가 말하였다.

"살린다 해도 두 눈으로 볼 수 없고, 살리지 않는다 해도 형상은 그림자여서 나타난 바 없다."

대사가 밤에 등불을 켜지 않고 있자, 어떤 승려가 나와서 등불을 켜지 않는 것을 묻고 물러가니, 뒤에 대사가 시자를 시켜 불을 켜게 하고는 아까 와서 묻던 승려를 나오라고 불렀다. 그 승려가 앞으로 다가서니, 대사가 말하였다.

"밀가루 세 냥을 갖다가 이 상좌에게 주어라."

師曰。見智者否。曰義存喫鐵棒有分。僧問。蛇吞蝦蟇救即是不救即是。師曰。救即雙目不覩。不救即形影不彰。因夜間不點燈。有僧出問話退後。師令侍者點燈。乃召適來問話僧出來。其僧近前。師曰。將取三兩粉來與這箇上座。

그 승려가 소매를 흔들면서 물러갔다.

그 승려는 이로부터 현묘한 진리를 깨닫고, 마침내 옷과 도구를 모두 팔아 공양하다가 3년 후에 대사를 하직하니, 대사가 "잘 가라."고 하였다.

설봉이 모시고 서 있다가 물었다.

"저 승려가 떠났다가 언제 다시 돌아옵니까?"

대사가 말하였다.

"그는 한번 갈 줄만 알지 다시 올 줄은 모른다."

그 승려가 큰방으로 가서 의발 밑에 앉아서 열반에 들었다.

설봉이 올라와서 대사에게 보고하니, 대사가 말하였다.

"비록 그러하나 여전히 나와는 3생(生)이 비교되느니라."

설봉이 올라와서 문안을 드리니, 대사가 말하였다.

"문에 들어왔다고도, 벌써 들어와 마쳤다고도 말하지 마라."

설봉이 대답하였다.

"저는 입이라는 것도 없습니다."

其僧拂袖而退。自此惺發玄旨。遂罄捨衣資設齋。得三年後辭師。師曰。善為。時雪峯侍立次。問曰。只如這僧辭去幾時却來。師曰。他只知一去不解再來。其僧歸堂就衣鉢下坐化。雪峯上報師。師曰。雖然如此猶較老僧三生在。雪峯上問訊。師曰。入門來須得語。不得道早箇入了也。雪峯曰。義存無口。

"입이라는 것도 없으면 조용해라. 나는 보고 누릴 뿐이다."
설봉은 말이 없었다.[51]

대사가 어떤 승려에게 물었다.
"어디서 왔는가?"
"3조의 탑전에서 옵니다."
대사가 물었다.
"조사 계신 곳에서 왔다면 다시 나를 만나 무엇 하리오."
승려가 대답하였다.
"조사는 특별하다지만 학인과 화상으로 더불어 다르지 않습니다."
"내가 그대의 본래 스승을 뵙고자 하는데 되겠는가?"
"화상 스스로가 출두하시기를 기다려야 되겠습니다."
"노승이 애초에 잠시라도 있었다고도 마라."

師曰。無口且從還我眼來。雪峯無語(雲居膺別前語云。待某甲有口即道。長慶稜別云。恁麼即某甲謹退)。師問僧。什麼處來。曰三祖塔頭來。師曰。既從祖師處來。又要見老僧作什麼。曰祖師即別學人與和尚不別。師曰。老僧欲見闍梨本來師還得否。曰亦須待和尚自出頭來始得。師曰。老僧適來暫時不在。

---

51) 운거응(雲居膺)이 따로 말하기를 "제가 입이 있기를 기다려서 말하지요." 하였다. 장경릉(長慶稜)이 따로 말하기를 "그렇다면 저는 공손히 물러가겠습니다." 하였다. (원주)

운거가 물었다.

"어떤 것이 조사께서 서쪽에서 오신 뜻입니까?"

대사가 말하였다.

"그대가 이 뒤에 주인 노릇을 할 때에 어떤 사람이 그대에게 물으면 그대는 그에게 무엇이라 하겠는가?"

어떤 관인(官人)이 물었다.

"수행해야 할 사람이 있습니까?"

대사가 말하였다.

"공(公)이 사나이가 되어 수행하기를 기다리겠다."

어떤 승려가 물었다.

"옛사람이 말하기를 '서로 만나서 드러내 보인 일이 없는데도 뜻하는 바를 선뜻 안다.'고 하는데, 이런 때는 어떠합니까?"

대사가 합장정대(合掌頂戴)를 하였다.

雲居問。如何是祖師西來意。師曰。闍梨向後有把茅蓋頭。或有人問。闍梨且作麼生向伊道。官人問。有人修行否。師曰。待公作男子即修行。僧問。承古有言。相逢不擎出擧意便知有時如何。師乃合掌頂戴。

대사가 덕산(德山)의 시자에게 물었다.
"어디서 오는가?"
"덕산에서 왔습니다."
"왜 왔는가?"
"화상께 공경을 다하러 왔습니다."
"세간에서는 무엇이 가장 공경스러운가?"
시자가 대답이 없었다.

언젠가 대사가 이렇게 말하였다.
"부처님의 일체를 초월했다는 것마저 세우지 않는 경지의 일을 체득해야 비로소 조금 이야기를 나눌 자격이 있다."
어떤 승려가 갑자기 물었다.
"어떤 것이 이야기입니까?"
"이야기할 때는 그대가 듣지 못했구나."
"화상께서는 들으셨습니까?"
"내가 이야기하지 않을 때를 기다려서 듣거라."

師問德山侍者。從何方來。曰德山來。師曰。來作什麼。曰孝順和尚來。師曰。世間什麼物最孝順。侍者無對。師有時云。體得佛向上事。方有些子語話分。僧便問。如何是語話。師曰。語話時闍梨不聞。曰和尚還聞否。師曰。待我不語話時即聞。

어떤 승려가 물었다.

"어떤 것이 바르게 묻고 바르게 대답하는 것입니까?"

대사가 말하였다.

"입이 이른 것이 아니다."

"누군가가 묻는다면 스님께서 대답하시겠습니까?"

"역시 묻지 못하는구나."

"어떤 것이 문으로 들어왔다 하면 보배가 아니라는 것입니까?"

"그만둬라, 그만둬."

대사가 『유마경(維摩經)』을 강의하는 강사에게 물었다.

"지혜로써 알 수 없고 의식으로 인식하지 못한다 하니, 무엇을 말하는 것인가?"

"법신을 찬탄한 말입니다."

"법신이란 말이 이미 찬탄인데 어찌 다시 찬탄하겠는가?"

僧問。如何是正問正答。師曰。不從口裏道。曰若有人問。師還答否。師曰。也未問。問如何是從門入者非寶。師曰。便休便休。師問講維摩經僧曰。不可以智知。不可以識識。喚作什麼語。對曰。讚法身語。師曰。法身是讚何用更讚。

어느 때 대사가 이렇게 설법하였다.

"바른 도는 본래 한 물건도 없어서 발우 주머니 하나도 사용할 것 없다."

어떤 승려가 갑자기 물었다.

"어떤 사람이 올바르게 깨달았다 하겠습니까?"

대사가 말하였다.

"문으로 들었다는 것마저도 없는 이라야 한다."

"문으로 들었다는 것마저 없는 이라면 깨달았다곤들 하겠습니까?"

"그러해서 얻은 것도 없고 준 것도 없다."

대사가 또 말하였다.

"바른 도는 본래 한 물건도 없어서 다른 의발도 사용할 것 없다 하지만, 그 속에서 응당히 한마디 해야 한다. 어떠한 말을 해야겠는가?"

師有時垂語曰。直道本來無一物。猶未消得他鉢袋子。僧便問。什麼人合得。師曰。不入門者。僧曰。只如不入門者還得也無。師曰。雖然如此不得不與他。師又曰。直道本來無一物。猶未消得他衣鉢。這裏合下得一轉語。且道下得什麼語。

어떤 상좌가 96회나 말을 했으나, 모두가 대사의 뜻에 맞지 않다가 마지막 한마디가 대사의 뜻에 맞았다.

대사가 말하였다.

"그대는 왜 진작 그렇게 말하지 않았는가?"

어떤 승려가 이 소식을 듣고 이야기해 달라면서 이로부터 수건과 정병 시봉을 3년 동안 했으나, 끝내 이야기를 듣지 못한 채 상좌가 병이 났다. 그러자 그 승려가 말하였다.

"제가 이렇게 3년 동안 시봉을 하면서 앞의 말을 이야기해 달라 했는데, 아직껏 화상의 자비를 입지 못했습니다. 선의로 얻으려다 안 되었으니 악의로라도 얻어야겠습니다."

그리고는 칼을 들고 마주서서 말하였다.

"만일 나에게 이야기해 주지 않으면 상좌를 죽이겠습니다."

상좌가 겁이 나서 말하였다.

"스님, 잠깐 기다리시오. 내가 이야기하겠소."

그리고는 이내 말하였다.

有一上座下語九十六轉不愜師意。末後一轉始可師意。師曰。闍梨何不早恁麼道。有一僧聞請擧。如是三年執侍巾瓶終不為擧。上座因有疾。其僧曰。某甲三年請擧前話不蒙慈悲。善取不得惡取。遂持刀向之曰。若不為某甲擧。即便殺上座也。上座悚然曰。闍梨且待。我為汝擧。乃曰。

"설사 가지고 왔다 하여도 둘 곳이 없다고 하였소."
그 승려가 절을 하면서 사죄하였다.

어떤 승려가 물었다.
"스님은 평상시에 학인들로 하여금 새의 길〔鳥道〕로 다니라 하시는데, 새의 길이란 무엇입니까?"
대사가 말하였다.
"한 사람도 만난 적 없다."
"어떻게 다녀야 합니까?"
"발바닥에 실오라기도 없어야 한다."
승려가 말하였다.
"새의 길로 다니기만 하면 그것이 본래의 면목이 아니겠습니까?"
대사가 말하였다.
"그대는 어째서 뒤바뀌는가?"
"어디가 제가 뒤바뀐 곳입니까?"
"뒤바뀌지 않았다면 어째서 종을 주인으로 여기는가?"

直饒將來亦無處著。其僧禮謝。僧問。師尋常教學人行鳥道。未審如何是鳥道。師曰。不逢一人。曰如何行。師曰。直須足下無絲去。曰只如行鳥道莫便是本來面目否。師曰。闍梨因什麼顛倒。曰什麼處是學人顛倒。師曰。若不顛倒因什麼認奴作郎。

승려가 말하였다.

"어떤 것이 본래의 면목입니까?"

대사가 말하였다.

"새의 길로 다닌다는 것도 없다."

어느 날 대사가 대중에게 말하였다.

"부처님은 일체를 초월했다는 것마저 세우지 않는 경지의 분이기에 방편으로 말을 쓴다는 것을 알아야 한다."

이때에 어떤 승려가 물었다.

"어떤 것이 일체를 초월했다는 것마저 세우지 않는 부처입니까?"

대사가 말하였다.

"상(常)이 아니다."[52]

曰如何是本來面目。師曰。不行鳥道。師謂眾曰。知有佛向上人方有語話分。時有僧問。如何是佛向上人。師曰。非常(保福別云。佛非。法眼別云。方便呼為佛)。

---

[52] 보복(保福)이 따로 말하기를 "부처라고 하면 아니다." 하였다.
법안(法眼)이 따로 말하기를 "방편으로 부처라고 부른다." 하였다. (원주)

대사가 어떤 승려에게 물었다.
"어디를 갔다 오는가?"
승려가 대답하였다.
"신을 삼다가 왔습니다."
"스스로 아는가, 남에게 의지했는가?"
"남에게 의지했습니다."
"그가 그대에게 가르쳐 주던가?"
"진실로 어김이 없습니다."

어떤 승려가 와서 수유(茱萸)에게 물은 내용을 들어 말하였다.
"제가 수유께 묻기를 '어떤 것이 사문의 행입니까?'라고 하니, 수유께서 말씀하시기를 '행은 없지 않으나 사람이 깨달았다 하면 어긋난다.'라고 하셨습니다."
그러자 대사가 그 승려로 하여금 수유에게 가서 이렇게 물으라고 하였다.

師問僧。去什麼處來。僧曰。製鞋來。師曰。自解依他。僧曰。依他。師曰。他還指教闍梨也無。僧曰。允即不違。僧來擧問茱萸。如何是沙門行。茱萸曰。行即不無人覺即乖。師令彼僧去進語曰。

"이것은 무슨 행(行)입니까?"

수유가 말하였다.

"부처의 행이다, 부처의 행이야."

그 승려가 돌아와서 대사에게 말하니, 대사가 말하였다.

"유주(幽州)와 흡사한 것 같지만 이 신라를 가장 꺼린다."[53]

그 승려가 도리어 대사에게 물었다.

"어떤 것이 사문의 행입니까?"

대사가 말하였다.

"머리의 길이는 세 자요, 목의 길이는 두 치니라."[54]

未審是什麽行。茱萸曰。佛行佛行。僧迴舉似師。師曰。幽州猶似可。最苦是新羅(東禪齊拈云。此語還有疑訛也無。若有且道什麽處不得。若無他又道最苦是新羅。還點檢得出麽。他道行即不無人覺即乖。師令再問是什麽行。又道佛行。那僧是會了問不會而問。請斷看)。僧却問師。如何是沙門行。師曰。頭長三尺頸長二寸(有僧舉問歸宗權和尚。只如洞山意作麽生。權云。封皮厚二寸)。

---

53) 동선제(東禪齊)가 이 문제를 들고 말하기를 "이 말에 오히려 의혹이 있는가, 없는가? 있으면 어디가 틀렸는지 말해 봐라. 없다면 동산이 말하기를 '이 신라를 가장 꺼린다' 했으니 점검해내겠는가? 수유가 말하기를 '행은 없지 않으나 사람이 깨달았다 하면 어긋난다.' 하니, 대사가 다시 가서 '이것은 무슨 행인가?' 묻게 했을 때 '부처의 행'이라 했는데, 그 승려는 알면서 물었는가, 모르면서 물었는가? 잘 판단해 봐라." 하였다. (원주)

54) 어떤 승려가 이 일을 들어 귀종권(歸宗權) 화상에게 묻기를 "동산의 뜻이 무엇이겠습니까?" 하니, 귀종권이 대답하기를 "가죽의 두께가 두 치니라." 하였다. (원주)

대사는 유(幽) 상좌가 오는 것을 보고 얼른 일어나서 선상(禪床) 뒤에 섰다. 이에 유 상좌가 와서 말하였다.
"화상은 어찌하여 학인을 회피하십니까?"
"나는 그대가 나를 찾는 줄 알았다."

"어떤 것이 현묘함 가운데의 현묘함입니까?"
"죽은 사람의 혀와 같다."

대사가 발우를 씻다가 두 까마귀가 개구리 하나를 두고 다투는 것을 보았는데, 어떤 승려가 문득 물었다.
"저것이 왜 저런 지경에 이르렀습니까?"
"다만 그대를 위해서이다."

어떤 승려가 물었다.
"어떤 것이 비로자나의 스승이며 법신의 주인입니까?"
대사가 말하였다.
"벼 그루와 조 이삭이니라."

師見幽上座來。遽起向禪床後立。幽曰。和尚爲什麼迴避學人。師曰。將謂闍梨覓老僧。問如何是玄中又玄。師曰。如死人舌。師洗鉢次見兩烏爭蝦蟆。有僧便問曰。這箇因什麼到恁麼地。師曰。只爲闍梨。僧問。如何是毘盧師法身主。師曰。禾莖粟稈。

"삼신(三身) 가운데에서 어느 몸이 모든 숫자에 떨어지지 않는 것입니까?"
"나도 항상 그것에 대하여 간절했다."[55]

대사가 논의 벼를 보는데, 낭(朗) 상좌가 소를 끌고 왔다. 이에 대사가 말하였다.
"그 소를 잘 보아라. 벼를 먹을까 걱정이다."
낭 상좌가 말하였다.
"좋은 소라면 벼를 먹지 않습니다."

대사가 어떤 승려에게 물었다.
"세간에서 무엇이 가장 괴로운가?"
그 승려가 대답하였다.

問三身之中阿那身不墮眾數。師曰。吾常於此切(僧問曹山。先師道。吾常於此切。意作麼生。曹山云。要頭即斫將去。又問雪峯。雪峯以拄杖擬之云。我亦曾到洞山來)。師因看稻田次。朗上座牽牛。師曰。這箇牛須好看恐喫稻去。朗曰。若是好牛應不喫稻。師問僧。世間何物最苦。僧曰。

---

[55] 어떤 승려가 조산(曹山)에게 묻기를 "선사께서 말씀하시기를 '나도 항상 그것에 대하여 간절했다.'라고 하신 뜻이 무엇입니까?" 하니, 조산이 대답하기를 "머리가 필요하거든 베어 가라." 하였다. 또 설봉(雪峯)에게 물으니 설봉이 주장자를 사용하여 이르기를 "나도 일찍이 동산(洞山)에게 갔다 왔노라." 하였다.

"지옥의 고통이 가장 괴롭습니다."

대사가 말하였다.

"그렇지 않다."

"스님의 뜻은 어떠하십니까?"

"이 승복 밑에서 큰일을 밝히지 못하는 것이 가장 괴로우니라."

대사가 어떤 승려에게 물었다.

"이름이 무엇인가?"

승려가 대답하였다.

"아무개입니다."

"어느 것이 그대의 주인공인가?"

승려가 '보는 것'이라고 응답을 하자, 대사가 말하였다.

"괴롭구나, 괴로워. 요새 사람은 거의가 이와 같이 당나귀 앞이나 말 뒤를 잘못 알고 자기라 여기니, 불법이 쇠퇴한다는 것이 이를 가리킨 말이구나. 나그네 가운데서 주인을 판단할 자격도 없는데, 어떻게 주인 가운데의 주인을 가려내겠는가?"

地獄最苦。師曰。不然。曰師意如何。師曰。在此衣線下不明大事。是名最苦。師問僧。名什麼。僧曰。某甲。師曰。阿那箇是闍梨主人公。僧曰。見祇對次。師曰。苦哉苦哉。今時人例皆如此。只是認得驢前馬後將為自己。佛法平沈此之是也。客中辨主尚未分。如何辨得主中主。

승려가 물었다.
"어떤 것이 주인 가운데의 주인입니까?"
대사가 말하였다.
"그대가 대답해 봐라."
"제가 말하면 그것은 벌써 나그네 가운데의 주인이니, 어떤 것이 주인 가운데의 주인입니까?"
"이렇게 말하기는 쉬우나 서로 이어지기는 매우 어려우니라."56)

대사가 병이 나자 사미를 운거(雲居)에게 보내 소식을 전하게 하면서 말하였다.
"만일 그가 갑자기 그대에게 '화상께서 무슨 말씀이 있으셨던가?'라고 묻거든, 그저 '운암(雲巖)의 길이 끊어지려고 합니다.'라고 말하라. 그대는 이 말만을 하고 멀찍이 서 있어라. 혹시 그가 그대를 때릴까 걱정이다."

僧便問。如何是主中主。師曰。闍梨自道取。僧曰。某甲道得即是客中主。如何是主中主。師曰。恁麼道即易相續也大難(雲居別云。某甲道得。不是客中主)。師示疾令沙彌去雲居傳語。又曰。他忽問汝和尚有何言句。但道雲巖路欲絶也。汝下此語須遠立。恐他打汝去。

---

56) 운거(雲居)가 따로 말하기를 "저는 말을 하나 나그네 가운데의 주인은 아닙니다." 하였다. (원주)

사미가 분부를 받고 가서 말을 마치기 전에 운거에게 한 방망이를 맞았다. 이에 사미는 아무 말이 없었다.[57]

대사가 입적할 무렵에 대중에게 말하였다.
"나는 부질없는 이름을 세상에 남겼다. 누가 나를 위해 없애 주겠는가?"
대중이 아무도 대답이 없자, 이때에 사미가 나서서 말하였다.
"화상의 법호를 말씀해 주십시오."

沙彌領旨去。語未終早被雲居打一棒。沙彌無語(同安顯代云。恁麼即雲巖一枝不墜也。後雲居錫云。上座且道。雲巖路絕不絕。崇壽稠云。古人打此一棒意作麼生)。師將圓寂謂眾曰。吾有閑名在世誰為吾除[58]。眾皆無對。時沙彌出曰。請和尚法號。

---

57) 동안현(同安顯)이 대신 말하기를 "그렇다면 운암의 한 가지가 끊어지지 않았다." 하였다. 나중에 운거석(雲居錫)이 말하기를 "상좌여, 말해 봐라. 운암의 길이 끊어졌는가? 끊어지지 않았는가?" 하였다.
승수조(崇壽稠)가 말하기를 "옛사람이 이 한 방망이를 때린 뜻이 무엇이겠는가?" 하였다. (원주)
58) 除 다음에 송, 원나라본에는 得이 붙어 있다.

대사가 말하였다.

"나의 이름은 이미 인연을 다했다."[59)]

어떤 승려가 물었다.

"화상께서 아프시다는데 앓지 않는 이도 있습니까?"

대사가 말하였다.

"있다."

"앓지 않는 이가 화상의 병을 낫게 해 줍니까?"

"내가 그를 간호할 수는 있다."

"화상께서 어찌 그를 간호하시겠습니까?"

師曰。吾名[60)]已謝(石霜云。無人得他肯。雲居云。若有閑名非吾先師。曹山云。從古至今無人辨得。踈山云。龍有出水之機。無人辨得)。僧問。和尚病[61)]還有不病者也無。師曰。有。僧曰。不病者還看和尚否。師曰。老僧看他有分。曰和尚爭得看他。

---

59) 석상(石霜)이 말하기를 "아무도 그를 긍정할 사람이 없다." 하였다.
운거(雲居)가 말하기를 "부질없는 이름이 있었다면 나의 선사가 아니다." 하였다.
조산(曹山)이 말하기를 "예로부터 지금까지 아무도 그를 판단하지 못했다." 하였다.
소산(踈山)이 말하기를 "용이 물에서 뛰어나올 기틀이 있건만 아무도 판단하는 이가 없었구나." 하였다. (원주)
60) 名 앞에 송, 원나라본에는 閑이 붙어 있다.
61) 病이 송, 원나라본에는 違和로 되어 있다. 위화(違和)는 병이 나다는 뜻.

대사가 말하였다.

"내가 간호할 때는 병이 없다."

대사가 또 말하였다.

"이 껍데기를 벗고는 어디서 다시 만날꼬?"

대중은 아무도 대답이 없었다.

당의 함통(咸通) 10년 3월에 문인들을 시켜 머리를 깎고, 옷을 갈아입고 종을 치게 한 뒤에 엄연히 앉아서 열반하였다.

이때에 대중이 슬피 울다가 해가 기울어졌는데, 대사가 홀연히 눈을 뜨고 일어나서 말하였다.

"출가한 사람은 마음이 물건에 집착되지 않아야 참된 수행을 한이라 할 것이다. 수고로운 삶을 쉬는 것이 죽음이라고 하기도 하는데, 슬픔이 어찌 있으리오."

그리고는 일 보는 승려를 불러 우치재(愚癡齊)를 한바탕 지내니, 대체로 연정(戀情)을 꾸짖는 것이었다.

師曰。老僧看時即不見有病。師又曰。離此殼漏子向什麼處與吾相見。眾無對。唐咸通十年三月命剃髮披衣令擊鍾儼然坐化。時大眾號慟移晷。師忽開目而起曰。夫出家之人心不附物。是真修行。勞生息死於悲何有。乃召主事僧令辦愚癡齊一中。蓋責其戀情也。

대중이 여전히 연모하기를 그치지 않으니, 7일을 더 있다가 공양 때가 되자 대사도 대중을 따라 공양을 마치고 말하였다.

"승려의 집에는 일이 없어야 하는데 떠날 때가 되었다고 이처럼 수선을 떠는구나."

그리고는 8일째 되는 날 목욕을 마치고 단정히 앉아서 입적하니, 수명은 63세이고, 법랍은 42세였다. 시호는 오본 대사(悟本大師)이고, 탑호는 혜각(慧覺)이라 하였다.[62]

眾猶戀慕不已。延至七日。食具方備。師亦隨齋畢日。僧家勿事大率臨行之際喧動如斯。至八日浴訖端坐長往。壽六十有三。臘四十二。勅諡悟本大師。塔曰慧覺(師昔在泐潭尋譯大藏。纂出大乘經要一卷并激勵道俗偈頌誡等。流布諸方)。

---

62) 대사가 예전에 늑담(泐潭)에 있을 때에 대장경을 번역해 내고 『대승경요(大乘經要)』 1권을 편찬하니, 승속을 격려하는 게송과 계(誡) 등으로서 세상에 널리 퍼졌다. (원주)

 토끼뿔

절대로 남에게 구하지 말라
아득하고 아득하게 나와는 멀어진다
내 이제 홀로 가노니
곳곳에서 그를 만나게 됐다

그가 바로 지금의 나이지만
지금의 나는 바로 그가 아니니
이렇게 깨달아 알아야
비로소 여여함에 계합하리라

위의 선사의 게송도 옳기는 옳으나, 대원이라면 이렇게 이르노라.

절대로 찾거나 구하지 말게
한순간 여읠 곳도 이러-해 없네
이러할 뿐이라 한 선사님이여
과연 과연이라는 탄성 절로세

그리고 말을 해도 허물이거늘
그 아니다 그런 말 설 수 있으랴

본래 천연 천연함 그 뿐이므로
때 되면 밥을 먹고 밤엔 잠자네

∽ "어떤 물건 하나가 위로는 하늘을 버티고 아래로는 땅을 버티고서, 항상 움직여 쓰는 가운데 있어서 검기로는 칠(漆)과 같다 했으니, 허물이 어디에 있는가?" 했을 때

대원이었다면 다만 엄지를 세웠을 것이다.

∽ "뱀이 청개구리를 삼키는데 살려야 옳습니까? 살리지 않아야 옳습니까?" 했을 때

대사는 "먹히는 개구리 소리가 나 먼저 일렀다." 했어야 했다.

∽ "문에 들어왔다고도, 벌써 들어와 마쳤다고도 말하지 마라." 했을 때

차를 올렸어야 했다.
"험."

∽ "수행해야 할 사람이 있습니까?" 했을 때

대원은 "그렇게 묻는 사람이 있는 한 있다." 했을 것이다.

혹 "이렇게 묻는 사람이 없을 땐 수행해야 할 사람이 없겠습니다." 하면

대원은 "그렇게 말하는 사람이 있는 한 있다." 했을 것이다.

∽ "어떤 것이 바르게 묻고 바르게 대답하는 것입니까?" 했을 때

대사는 "무엇이 대답 않더냐?" 했어야 했다.

탁주(涿州) 행산(杏山) 감홍(鑒洪) 선사

감홍 선사에게 임제가 물었다.
"어떤 것이 노지백우(露地白牛)[63]입니까?"
대사가 말하였다.
"흠(吽)."
"행산의 입은 벙어리군요."
"노형(老兄)은 어떠하시오?"
임제가 말하였다.
"이 축생아."
대사가 그만두었다.[64]
대사의 다섯 가지 읊음과 열 가지 빼어남이 모두 현묘한 가풍을 드러냈다. 입멸한 뒤에 다비를 마치고 오색 사리를 거두었다.

涿州杏山鑒洪禪師。臨濟問。如何是露地白牛。師曰。吽。濟曰。啞却杏山口。師曰。老兄作麼生。濟曰。這畜生。師乃休(與石室問答。如彼章出之)。師有五詠十秀皆暢玄風。滅後茶毘收五色舍利。

---

63) 노지백우(露地白牛) : 『법화경』 '비유품(譬喩品)'에 나오는 말로 최상승의 가르침을 비유한다.
64) 여석실(與石室)이 묻고 답하기를 "저 분이 크게 내놓는 것 같구나." 하였다. (원주)

 토끼뿔

"행산의 입은 벙어리군요."했을 때

대원은 "이런 큰 소리의 말을 듣지 못하는 것을 보니 귀머거리겠구나." 하리라.

담주(潭州) 신산(神山) 승밀(僧密) 선사

승밀 선사가 남전(南泉)의 회상에 있을 때에 바라를 치는데, 남전이 물었다.
"무엇을 하는가?"
대사가 말하였다.
"바라를 칩니다."
"그대는 손으로 치는가, 발로 치는가?"
"화상께서 말씀해 주십시오."
"똑똑히 기억해 두었다가 나중에 눈 밝은 작가를 만나거든 그렇게만 말하라."[65]

대사가 동산(洞山)과 함께 물을 건너는데, 동산이 말하였다.
"발을 잘못 디디지 마십시오."

潭州神山僧密禪師。師在南泉打羅次。南泉問。作什麼。師曰。打羅。曰汝以手打脚打。師曰。却請和尚道。南泉曰。分明記取。向後遇明眼作家但恁麼擧似(雲巖代云。無手脚者始解打)。師與洞山渡水。洞山曰。莫錯下脚。

---

65) 운암(雲巖)이 대신 말하기를 "손발이 없는 이라야 비로소 칠 줄 안다." 하였다. (원주)

대사가 말하였다.
"잘못 디디면 건너지 못합니다."
동산이 물었다.
"잘못 디디면 건너지 못하는 일이 어떠합니까?"
"장로와 함께 물을 건넙니다."

어느 날, 동산과 함께 차밭을 매는데, 동산이 호미를 던지면서 말하였다.
"나는 오늘 고단해서 기력이 하나도 없소."
대사가 말하였다.
"기력이 없다면 어떻게 그렇게 말하시오."
동산이 다시 말하였다.
"그대가 기력이 있어서 말하는 것이 이것이오."

배 대부(裵大夫)가 어떤 승려에게 물었다.
"부처님께 공양하면 잡수십니까?"

師曰。錯即過不得也。洞山曰。不錯底事作麼生。師曰。共長老過水。一日與洞山鋤茶園。洞山擲下钁頭曰。我今日困一點氣力也無。師曰。若無氣力爭解恁麼道得。洞山曰。汝將謂有氣力底是也。裵大夫問僧。供養佛還喫否。

그 승려가 대답하였다.
"마치 대부가 집에서 신령에게 제사하는 것 같습니다."
대부가 운암에게 이 이야기를 하니, 운암이 대신 말하였다.
"몇 가지 음식이나 있는지 일시에 내리십시오."
그리고는 운암이 대사에게 물었다.
"일시에 내린 뒤에는 어찌하겠소?"
대사가 말하였다.
"응당히 발우에 담아버리겠소."
운암이 긍정하였다.

어떤 승려가 물었다.
"어떤 것이 듣는 바 없는 자가 경을 듣는 것입니까?"
대사가 말하였다.
"알고자 하는가?"
"알고자 합니다."
"경을 들을 줄 모르는구나."

僧曰。如大夫祭家神。大夫舉似雲巖。雲巖代曰。有幾般飯食。但一時下來。雲巖却問師。一時下來後作麼生。師曰。合取鉢盂。巖肯之。僧問。如何是無所聞者乃曰聽經。師曰。惡會麼。僧曰。要會。師曰。未解聽經在。

어떤 이가 물었다.
"첫 지위에서 둘째 지위를 보지 못한다 하니 어떠합니까?"
대사가 말하였다.
"그대가 잘못 알지 않았는가? 그대는 어느 지위에 있는가?"

어떤 행자가 물었다.
"나고 죽는 일을 한 말씀 해주십시오."
대사가 말하였다.
"그대는 언제 나고 죽었더냐?"
"저는 잘 모릅니다. 스님께서 말씀해 주십시오."
"모르겠거든 한 번 죽어 봐라."

問一地不見二地如何。師曰。汝莫錯否。汝是何地。有行者問。生死事乞師一言。師曰。汝何時生死去來。曰某甲不會請師說。師曰。不會須死一場去。

 토끼뿔

"부처님께 공양하면 잡수십니까?" 했을 때

대원은 "대부께서 말한 바 없이 말할 때를 기다려 일러 드리리다." 해서 응해오는 것을 봐서 이끌었을 것이다.

유계(幽谿) 화상

유계 화상에게 어떤 승려가 물었다.
"큰 작용〔大用〕이 드러나서 일정한 법도에 묶여 있지 않을 때에는 어떠합니까?"
대사가 일어나서 선상을 한 바퀴 돌고 앉았다.
승려가 무엇인가 말을 하려 하자, 대사가 걷어찼다. 이에 그 승려가 제자리로 돌아가서 서 있으니, 대사가 말하였다.
"그대는 그렇지만 나는 그렇지 않고, 그대는 그렇지 않지만 나는 그렇다."
승려가 다시 무슨 말을 하려 하니, 대사가 다시 한 번 차면서 말하였다.
"30년 뒤에는 나의 도가 크게 번성하리라."

幽谿和尚。僧問。大用現前不存軌則時如何。師起繞禪床一匝而坐。僧欲進語。師與一踢。僧歸位而立。師曰。汝恁麼我不恁麼。汝不恁麼我却恁麼。僧再擬進語。師又與一踢曰。三十年後吾道大行。

 토끼뿔

대사가 일어나서 선상을 한 바퀴 돌고 앉았을 때

대원은 "험. 대인은 새삼스러운 말을 않느니라." 하리라.

앞의 화정(華亭) 선자(船子) 덕성(德誠) 선사의 법손

예주(澧州) 협산(夾山) 선회(善會) 선사

  선회 선사[66]는 광주(廣州) 현정(峴亭) 사람으로 성은 요(廖)씨이다. 아홉 살 때에 담주(潭州)의 용아산(龍牙山)에서 승려가 되어 나이가 차자 계를 받고, 강릉(江陵)으로 가서 경론(經論)을 배워 삼학(三學)[67]을 두루 통달하였다.
  그러다가 마침내 참선하는 모임을 찾아가서 열심히 묻고 배웠다.

  前華亭船子德誠禪師法嗣。澧州夾山善會禪師。廣州峴亭人也。姓廖氏。九歲於潭州龍牙山出家。依年受戒。往江陵聽習經論該練三學。遂參禪會勵力參承。

---

66) 선회 선사(805 ~ 881).
67) 삼학(三學) : 경·율·논 삼장.

처음에는 예주에 살았는데, 하루는 저녁에 도오(道吾)가 지팡이를 끌고 찾아왔다. 때마침 대사가 상당하였는데 어떤 승려가 물었다.

"어떤 것이 법신(法身)입니까?"

대사가 말하였다.

"법신은 형상이 없다."

"어떤 것이 법안(法眼)입니까?"

"법안은 티가 없다."

"눈앞에 법이 없다는 것은 뜻이 '눈앞'에 있는 것이니, 이것은 '눈앞'의 법을 말하는 것이 아니어서 귀나 눈으로 이를 곳이 아니다."

도오가 이 말을 듣고 웃으니, 대사는 의심이 생기어 도오에게 물었다.

"왜 웃으시오?"

"화상은 출중하게 태어났건만 스승이 없군요, 절중(浙中)의 화정현(華亭縣)으로 가서 선자(船子) 화상을 찾아뵈시오."

初住澧州[68]。一夕道吾策杖而至。遇師上堂。僧問。如何是法身。師曰。法身無相。曰如何是法眼。師曰。法眼無瑕。師又曰。目前無法意在目前。不是目前法非耳目所到。道吾乃笑。師乃生疑問吾。何笑。吾曰。和尚一等出世未有師。可往浙中華亭縣參船子和尚去。

---

68) 澧州가 원나라본에는 京口로 되어 있다.

대사가 말하였다.

"찾아뵈면 만나 주실까요?"

도오가 말하였다.

"그 스님은 위로는 기왓쪽 하나도 머리를 가리지 않았고, 아래로는 송곳 하나 세울 곳이 없소."

대사는 드디어 옷을 갈아입고 바로 화정으로 가니, 때마침 선자화상이 뱃전을 두드리면서 왔다. 이에 스승과 제자의 도가 계합하고 미세한 의혹도 남지 않았다.[69]

대사가 이어 세상을 피하고 기틀을 드러내지 않았건만, 이내 학자들이 모여들어 기거하는 곳에 가득하게 늘어서서 아침저녁으로 뵙고 물었다.

당의 함통(咸通) 11년 경인(庚寅)에 대중이 협산(夾山)에 자리를 잡으니, 마침내 선원이 이루어졌다.

師曰。訪得獲否。道吾曰。彼師上無片瓦遮頭。下無卓錐之地。師遂易服直詣華亭。會船子鼓櫂而至。師資道契。微眹不留(語見船子章)。師比遁世忘機。尋以學者交湊廬室星布曉夕參依。唐咸通十一年庚寅海眾卜於夾山遽成院宇。

---

69) 내용은 선자장에서 볼 수 있다. (원주)

대사가 법상에 올라 대중에게 보이고 말하였다.

"조사가 다녀가신 뒤로 많은 사람이 잘못 알고 이어받았다. 지금도 불조의 어구로써 남의 스승이 되는 이가 있으니, 이런 이는 도리어 미친 사람이나 어리석은 사람을 만들 뿐이다.

그들은 다만 그대들에게 지시하기를 법이 없는 것이 본래 도이니, 도에는 한 법도 없어서 부처를 이룰 것도 없고, 얻을 도(道)도 없으며 버릴 법도 없다고 한다. 그런 까닭에 눈앞에 법이 없다는 뜻이 눈앞에 있다하면서도 저들은 '눈앞' 법을 모르는 것이다.

만일 부처와 조사를 향해 배운다고 하면 그 사람은 바른 안목이 없는 것이다. 모두가 의지하는 법에 속해서 자유롭지 못하리니, 본래 끊임없이 일어나고 멸하는 의식의 성품이어서 자유로울 수 없다. 천리만리를 가서 선지식을 구하더라도 모름지기 바른 안목이 있어야 하니, 허망하고 그른 소견을 영원히 벗어나야 눈앞에 있는 생사가 실제로 있는지 없는지를 결단하리라.

師上堂示眾曰。夫有祖以來時人錯會相承。至今以佛祖句為人師範。如此却成狂人無智人去。他只指示汝。無法本是道。道無一法。無佛可成。無道可得。無法可捨。故云目前無法意在目前。他不是目前法。若向佛祖邊學。此人未有眼目。皆屬所依之法不得自在。本只為生死茫茫識性無自由分。千里萬里求善知識。須有正眼永脫虛謬之見。定取目前生死為復實有。為復實無。

만일 누군가가 결단하면 그가 벗어났다고 허락하리니, 상근기의 사람은 말이 떨어지는 즉시에 도를 밝히고, 중근기와 하근기는 물결을 따라 헤매기만 하리라. 왜 생사 가운데서 결단하지 않고, 어디서 취하려 하는가? 다시 부처나 의심하고 조사나 의심해서 그대는 나고 죽음으로 떨어져 지혜 있는 사람의 웃음거리가 되리라."

그리고는 게송을 말하였다.

애써 생사의 법으로
부처의 주변에서나 구하려 하니
눈앞의 바른 진리를 미혹할 뿐이어서
불을 뒤지어 거품을 찾는 것과 같다

若有人定得許汝出頭。上根之人言下明道。中下根器波波浪走。何不向生死中定當取何處。更疑佛疑祖替汝生死。有智人笑汝。偈曰。
　勞持生死法
　唯向佛邊求
　目前迷正理
　撥火覓浮漚

어떤 승려가 물었다.

"예로부터 조사의 뜻과 교리의 뜻을 세웠는데, 화상은 여기서 어찌하여 없다 하십니까?"

대사가 말하였다.

"3년 동안 밥을 먹지 않으나, 눈앞에 주린 사람이 없다."

"주린 사람이 없다면 저는 왜 깨닫지 못합니까?"

"다만 깨달으려 하는 것이 그대를 미혹하게 한다."

그리고는 게송을 말하였다.

밝고 밝아서 깨달을 법도 없으니
깨닫는 법이란 것이 사람을 어둡게 한다
두 다리를 쭉 뻗고 자라
거짓도 참도 모두 없다

僧問。從上立祖意教意。和尚此間為什麼言無。師曰。三年不食飯目前無饑人。曰既無饑人。某甲為什麼不悟。師曰。只為悟迷却闍梨。師說頌曰。

明明無悟法
悟法却迷人
長舒兩脚睡
無偽亦無真

어떤 승려가 물었다.

"어떤 것이 도입니까?"

대사가 말하였다.

"태양은 눈앞에 가득하고, 만 리에 조각구름은 걸리지를 않는구나."

"어찌하여야 알 수 있습니까?"

"청정한 물속에서 헤엄치는 고기가 스스로 헤매는구나."

"어떤 것이 근본입니까?"

"물을 마셔 봐라, 근원은 미혹된 적이 없다."

"옛사람이 머리카락을 땅에 편 것은 무엇을 위해서였습니까?"[70]

"까마귀 아홉 마리는 다 쏘았으나 하나의 가리움이 아직도 남았다. 화살 하나가 바탕에 떨어지면 천하가 어둡지 않으리라."

僧問。如何是道。師曰。太陽溢目萬里不掛片雲。曰如何得會。師曰。清淨之水游魚自迷。問如何是本。師曰。飲水不迷源。問古人布髮掩泥當為何事。師曰。九烏射盡一翳猶存。一箭墮地天下不黑。

---

70) 석가모니 부처님께서 전생에 수행 동자로 계실 때, 연등불을 위해 머리카락을 펴서 진흙을 밟지 않도록 하셨다.

"조사의 뜻과 교리의 뜻이 같습니까, 다릅니까?"
"바람이 연잎에 부니 못에 가득한 푸르름이요, 10리를 가는 행인들이 외길에서 교차한다."

대사에게 오랜 세월 시봉한 제자가 하나 있었는데, 주지가 된 뒤에 그를 행각을 보냈다. 그는 사방의 선원을 찾아 다녔으나 아무런 관심 없이 지내다가, 대사에게 대중이 모이고 도덕이 딴 지방에까지 미친다는 소문을 듣고는 돌아와서 뵙고 물었다.
"화상께 이렇게 특별함이 있으면서도 왜 진작 저에게 말씀하시지 않았습니까?"
대사가 말하였다.
"그대가 밥을 지으면 내가 불을 땠고, 그대가 밥을 나눠 줄 때는 내가 발우를 폈거늘 어디가 그대를 저버린 곳인가?"
제자가 이 말에 깨달았다.

問祖意與教意同別。師曰。風吹荷葉滿池青。十里行人較一程。師有小師隨侍日久。師住後遣令行脚。游歷禪肆無所用心。聞師聚眾道播他室。迴歸省覲而問曰。和尚有如是奇特事。何不早向某甲說。師曰。汝蒸飯吾著火。汝行益吾展鉢。什麼處是孤負汝處。小師從此悟入。

어느 날 대사가 차를 마시고 나서 다시 손수 차를 달여다가 시자에게 주었다. 시자가 받으려 하니, 대사가 손을 물리면서 말하였다.

"이것이 무엇인가?"

시자가 대답이 없었다.

어떤 대덕이 와서 물었다.

"교리의 뜻이라면 제가 의심하지 않으나 선문(禪門)의 일은 어떠합니까?"

대사가 말하였다.

"나는 그저 중생을 변화시켜 익숙하게 하는 것을 알 뿐이다."

"어떤 것이 실제의 이치입니까?"

"돌 위에는 뿌리 없는 나무고, 산은 요동치 않는 구름을 머금었다."

師一日喫茶了。自烹一椀過於侍者。侍者擬接。師乃縮手日。是什麼。侍者無對。有一大德來問師。若是教意某甲即不疑。只如禪門中事如何。師曰。老僧也只解變生為熟。問如何是實際之理。師曰。石上無根樹山含不動雲。

"어떤 것이 굴 밖에 나선 사자입니까?"
"허공은 그림자가 없고 발밑에는 구름이 인다."

서천(西川) 수좌가 제방에 다니다가 백마(白馬)에 이르러 『화엄경』의 말씀을 들어 물었다.
"하나의 티끌이 가없는 법계를 머금을 때에는 어떠합니까?"
백마가 말하였다.
"새의 두 날개와 같고, 수레의 두 바퀴와 같다."
수좌가 말하였다.
"선문은 특별한 줄 알았는데 원래 교리를 벗어나지 않는군요."
그리고는 본 고장으로 돌아갔다가 이어 협산의 성대한 법회 소식을 듣고, 제자를 보내서 앞의 질문을 대사에게 묻게 하였다. 이에 대사가 말하였다.
"모래에 조각을 해도 옥이 될 수 없으니 풀을 얽어서 도인의 생각을 어그러뜨리는구나."

問如何是出窟獅子。師曰。虛空無影象足下野雲生。西川首座遊方至白馬。舉華嚴教語問曰。一塵含法界無邊時如何。白馬曰。如鳥二翼。如車二輪。首座曰。將謂禪門別有奇特事。元來不出教乘。乃迴本地。尋嚮夾山盛化。遣小師持前語而問師。師曰。雕沙無鏤玉之譚。結草乖道人之思。

제자가 돌아와서 수좌에게 말하니 수좌가 찬탄하였다.
"선문과 교문의 뜻이 다르지 않다고 여겼는데, 원래 특별히 섬길 만한 것이 있구나."

"어떤 것이 협산의 경계입니까?"
"원숭이가 새끼를 안고 푸른 봉우리 속으로 돌아가고, 새는 꽃을 물고 푸른 바위 앞으로 날아 앉는다."

대사가 현묘한 법을 다시 펴기를 일기(一紀)[71] 동안 계속하다가 당의 중화(中和) 원년 신축(辛丑) 11월 7일에 일 보는 승려를 불러서 말하였다.
"내가 대중에게 여러 해 동안 불법을 이야기해 주었으니, 불법의 깊은 뜻은 여러분들이 제각기 잘 알았을 것이다. 나는 이제 환(幻) 같은 물질의 몸이 때가 다해서 떠나게 되었다.

小師迴擧似首座。首座乃讚。將爲禪門與敎意不殊。元來有奇特之事。問如何是夾山境。師曰。猿抱子歸靑嶂裏。鳥銜華落碧巖前。師再闡玄樞迨於一紀。唐中和元年辛丑十一月七日召主事曰。吾與衆僧語道累歲。佛法深旨各應自知。吾今幻質時盡卽去。

---

71) 일기(一紀) : 옛날 중국에서 12년을 일컫던 말.

그대들은 내가 살아 있을 때와 같이 잘 보호하라. 세상 사람들과 같이 덩달아 슬퍼하지 말라."

말을 마치고는 밤중이 되자 태연히 입적하였다. 그 달 29일에 협산에 탑을 세우니, 수명은 77세이고, 법랍은 57세였다. 시호는 전명 대사(傳明大師)이고, 탑호는 영제(永濟)라 하였다.

汝等善保護如吾在日。勿得雷同世人輒生惆悵。言訖至于夜奄然而逝。其月二十九日塔於本山。壽七十七臘五十七勅諡傳明大師。塔曰永濟。

 토끼뿔

"하나의 티끌이 가없는 법계를 머금을 때에는 어떠합니까?" 했을 때

대원은 주장자를 높이 들었다가 문득 때렸을 것이다.
"험."

길주(吉州) 청원산(靑原山) 행사(行思) 선사의 제5세
앞의 서주(舒州) 투자산(投子山) 대동(大同) 선사의 법손

투자(投子) 감온(感溫) 선사(제2세 주지)

감온 선사에게 어떤 승려가 물었다.
"스님께서 보배 법상에 오르시면 어떻게 사람에게 보이십니까?"
대사가 말하였다.
"달이 일천 개울마다 비치는 것과 같다."
"그렇다면 바탕에 가득하여 모자람이 없겠습니다."
"그렇게도 말하지 마라."

吉州靑原山行思禪師第五世。前舒州投子山大同禪師法嗣。投子感溫禪師(第二世住)。僧問。師登寶座接示何人。師曰。如月覆千谿。僧曰。恁麼即滿地不虧也。師曰。莫恁麼道。

어떤 승려가 물었다.

"아버지라면 던지지 않을 것인데, 어떤 아들이기에 던진다는 것입니까?"

대사가 말하였다.

"어찌 다른 집의 일이겠는가?"

"아버지와 자식이 모두 공덕(功)을 영위합니까?"

"속한 것이라고도 할 수 없느니라."

"공덕에도 속하지 않는 것이 무엇입니까?"

"아버지와 자식이 각자 해탈이라 하겠느냐."

"왜 그렇습니까?"

"그대가 나에게 가르쳐다오."

대사가 산을 돌다가 매미가 껍질을 벗은 것을 보았다. 이에 시자가 물었다.

"껍질은 여기에 있는데 매미는 어디로 갔습니까?"

僧問。父不投為什麼却投子。師曰。豈是別人屋裏事。僧曰。父與子還屬功也無。師曰。不屬。曰不屬功底如何。師曰。父子各自脫。曰為什麼如此。師曰。汝與我會。師遊山見蟬蛻殼。侍者問曰。殼在這裏蟬子向什麼處去也。

대사가 껍질을 들어 귓가에다 대고 서너 차례 흔든 뒤에 매미 소리를 하니, 그 승려가 깨달았다.

師拈殼就耳畔。搖三五下作蟬響聲。其僧於是開悟。

 토끼뿔

"공덕에도 속하지 않는 것이 무엇입니까?" 했을 때

대원은 한 대 때렸을 것이다.
"참."

복주(福州) 우두(牛頭) 미(微) 선사

미(微) 선사가 법상에 올라 대중에게 말하였다.
"삼세의 모든 부처님들이 한 가지 재주도 쓴 적도 없고, 천하 노화상의 입이 광주리 같거늘, 여러분은 어찌 이같이 쉽지 못한가? 아는 것이 있음을 없애지 않으면 아는 것이 아니다."

승려가 물었다.
"어떤 것이 화상의 가풍입니까?"
대사가 말하였다.
"산전(山田)의 좁쌀밥이요, 야채의 누런 시래기니라."
"홀연히 높은 객이 오면 어찌하십니까?"
대사가 말하였다.
"먹으려면 마음대로 먹게 하고, 먹지 않으면 동서로 마음대로 가라 한다."

福州牛頭微禪師。師上堂示眾曰。三世諸佛用一點伎倆不得。天下老師口似匾擔。諸人作麼生大不容易。除非知有莫能知之。僧問。如何是和尚家風。師曰。山畬粟米飯野菜澹黃虀。僧曰。忽遇上客來又作麼生。師曰。喫即從君喫不喫任東西。

승려가 물었다.

"검은 용의 턱 밑에 있는 여의주는 묻지 않겠습니다. 어떻게 집안의 보배를 알겠습니까?"

"어떻게 하면 바쁜 가운데 한가한 사람이 되겠는가?"

問不問驪龍頷下珠。如何識得家中寶。師曰。忙中爭得作閑人。

 토끼뿔

"검은 용의 턱 밑에 있는 여의주는 묻지 않겠습니다. 어떻게 집안의 보배를 알겠습니까?" 했을 때

대원은 엄지만을 세워 보였을 것이다.
"험."

서천(西川) 청성(靑城) 향산(香山) 징조(澄照) 대사

징조 대사에게 어떤 승려가 물었다.
"부처님들은 어려움이 있으면 불꽃 속에 들어가더라도 몸을 숨길 수 있지만, 승려에게 어려움이 있으면 어디에 몸을 숨깁니까?"
대사가 말하였다.
"수정(水精) 항아리 속에 파사(波斯)[72]가 드러난다."

"어떤 것이 초생달입니까?"
"모든 사람이 거의 보지 못하는 것이다."

西川青城香山澄照大師。僧問。諸佛有難向火焰裏藏身。未審衲僧有難向什麽處藏身。師曰。水精瓮裏著波斯。問如何是初生月。師曰。太半人不見。

---

[72] 파사(波斯) : 별 이름.

 토끼뿔

"부처님들은 어려움이 있으면 불꽃 속에 들어가더라도 몸을 숨길 수 있지만, 승려에게 어려움이 있으면 어디에 몸을 숨겨야 하겠습니까?" 했을 때

대원은 주장자를 던졌을 것이다.

섬부(陝府) 천복(天福) 화상

천복 화상에게 어떤 승려가 물었다.
"어떤 것이 불법의 대의입니까?"
"황하(黃河)에 한 방울 물도 없고, 화악(華嶽)[73]이 모두 평평해졌다."

陝府天福和尚。僧問。如何是佛法大意。師曰。黃河無滴水華嶽總平沈[74]。

---

73) 화악(華嶽) : 중국의 큰 산.
74) 沈이 송, 원나라본에는 治로 되어 있다.

 토끼뿔

"어떤 것이 불법의 대의입니까?" 했을 때

대원은 "바람 앞에 눕는 갈대가 나 먼저 이르누나." 하리라.

호주(濠州) 사명(思明) 화상

사명 화상이 투자(投子) 회상에 있을 때에 어떤 승려가 물었다.
"어떤 것이 상좌 사미의 동진행(童眞行)입니까?"
대사가 말하였다.
"예."

어떤 승려가 물었다.
"어떤 것이 청정법신입니까?"
대사가 말하였다.
"똥 속에 구더기가 들락날락하는구나."

濠州思明和尚。在投子眾時。有僧問。如何是上座沙彌童行。師曰。諾。僧問。如何是清淨法身。師曰。屎裏蛆兒頭出頭沒。

 토끼뿔

"어떤 것이 청정법신입니까?" 했을 때

대원은 "물에 서서 물을 묻는 자가 있다더니 그대같은 이로구나." 하고, 할을 했을 것이다.

봉상부(鳳翔府) 초복(招福) 화상

초복 화상에게 어떤 승려가 물었다.
"사방에서 모두 대열을 지어 나가는데, 화상은 어째서 대열에 나가시지 않습니까?"
대사가 말하였다.
"주지(住持)하는 법이 같지 않거늘 그대는 무엇을 이상하게 여기는가?"

鳳翔府招福和尙。僧問。東牙烏牙皆出隊。和尙爲什麼不出隊。師曰。住持各不同。闍梨爭得怪。

 토끼뿔

"사방에서 모두 대열을 지어 나가는데, 화상은 어째서 대열에 나가시지 않습니까?"했을 때

대원은 "나갈 곳이나 일러봐라, 일러봐."하리라.

홍원부(興元府) 중량산(中梁山) 준고(遵古) 선사

준고 선사에게 어떤 이가 물었다.
"공겁(空劫) 때에는 법을 묻는 이가 없었지만, 지금은 물을 법이 어디에 있습니까?"
대사가 말하였다.
"대비보살이 항아리 속에 앉았다."
"어떤 것이 조사께서 서쪽에서 오신 뜻입니까?"
"도사가 새는 잔을 들었다."

興元府中梁山遵古禪師。問空劫無人能問法。即今有問法何安。師曰。大悲菩薩瓮裏坐。問如何是祖師西來意。師曰。道士擔漏巵。

토끼뿔

"공겁(空劫) 때에는 법을 묻는 이가 없었지만, 지금은 물을 법이 어디에 있습니까?" 했을 때

대원은 "묻는 놈에게는 이것이 선지식이다." 하며, 때렸을 것이다.

양주(襄州) 곡은(谷隱) 화상

곡은 화상에게 어떤 승려가 물었다.
"어떤 것이 백운(白雲)의 기틀에 부딪치지 않은 것입니까?"
대사가 말하였다.
"학의 띠와 갈가마귀의 얼굴로 덧없이 삶을 보내지 말라."

襄州谷隱和尙。僧問。如何是不觸白雲機。師曰。鶴帶鴉顔浮生不棄。

토끼뿔

"어떤 것이 백운(白雲)의 기틀에 부딪치지 않은 것입니까?" 했을 때

대원은 "쌓인 눈길 사슴은 내려오고 까마귀는 소리치며 난다." 하리라.

안주(安州) 구종산(九嵕山) 화상

구종 화상에게 어떤 승려가 물었다.
"어떤 것이 부처입니까?"
대사가 말하였다.
"바로 너다."

"멀리서 구종 화상의 소문을 들었는데, 와서 보니 일종(一嵕)만이 보이는군요."
대사가 말하였다.
"그대는 일종(一嵕)만을 보고 구종은 보지 못하는구나."
"어떤 것이 구종입니까?"
"물살이 급하니 물거품이 거칠구나."

安州九嵕山和尚。僧問。如何是佛。師曰。即汝是。問遠聞九嵕及至到來只見一嵕。師曰。闍梨只見一嵕不見九嵕。曰如何是九嵕。師曰。水急浪華麁。

토끼뿔

"멀리서 구종 화상의 소문을 들었는데, 와서 보니 일종(一嵷)만이 보이는군요."했을 때

대원은 "그대가 본 일종(一嵷)이 어떻더냐? 말해 봐라, 말해 봐." 해서 응해오는 것을 보아서 이끌었을 것이다.

유주(幽州) 반산(盤山) 화상(제2세 주지)

반산 화상에게 어떤 승려가 물었다.
"어찌하여야 삼계를 벗어나겠습니까?"
대사가 말하였다.
"그 속에 있은 지가 얼마나 되는가?"
"어떻게 벗어나겠습니까?"
"청산은 흰 구름이 나는 것을 막지 않는다."

"경전에 이르기를 '화(化)한 이의 번뇌와 같고, 석녀(石女)의 아기와 같다.'라고 하는데, 그것이 무슨 뜻입니까?"
"그대가 바로 석녀의 아기다."

　盤山和尙(幽州第二世住)。僧問。如何出得三界。師曰。在裏頭來多少時耶。曰如何出得。師曰。靑山不礙白雲飛。問承敎有言。如化人煩惱如石女兒。此理如何。師曰。闍梨直須[75]石女兒去。

---

75) 須가 송. 원나라본에는 如로 되어 있다.

 토끼뿔

"어찌하여야 삼계를 벗어나겠습니까?" 했을 때

대원은 "석등의 일러줌을 듣는 것이다." 하리라.

안주(安州) 구종(九嵕) 경혜(敬慧) 선사(제2세 주지)

경혜 선사에게 어떤 승려가 물었다.
"깊은 구덩이에서 벗어나려면 어떻게 지나가야 합니까?"
대사가 말하였다.
"지나가려 하지 말라."
"어떻게 지나가야 합니까?"
"지나가려 하는 것이 또한 그르친 것이다."

安州九嵕敬慧禪師(第二世住)。僧問。解脫深坑如何過得。師曰。不求過。僧曰。如何過得。師曰。求過亦非。

 토끼뿔

"어떻게 지나가야 합니까?" 했을 때

대원은 세 방망이를 내렸을 것이다.

동경(東京) 관음원(觀音院) 암준(巖俊) 선사

암준 선사는 형대(邢臺) 사람으로 성은 염(廉)씨이다. 처음에는 조사들의 법석을 찾아 형산(衡山), 여산(廬山), 민(岷), 촉(蜀) 지방을 두루 다녔는데 봉림(鳳林)의 깊은 골짜기를 지나다가 홀연히 진기한 보배를 발견하였다. 동료들이 앞을 다투어 가지려 하는 것을 보고 대사가 말하였다.

"옛사람은 호미 끝의 황금도 기왓쪽 같이 여겼다. 내가 사초풀 삿갓을 쓰거든 이것이 사방의 승려들에게 공양한 것이다."

이렇게 말하고는 떠나, 투자 화상을 뵈니 투자가 물었다.

"그대는 지난밤 어디에서 잤는가?"

대사가 말하였다.

"움직이지 않는 도량에 있었습니다."

"움직이지 않는다면 어떻게 여기까지 왔는가?"

東京觀音院巖俊禪師。邢臺人也。姓廉氏。初參祖席遍歷衡廬岷蜀。嘗經鳳林深谷。歘覩珍寶發現。同侶相顧意將取之。師曰。古人鋤園觸黃金若瓦礫。待吾菅茅覆頂。須此供四方僧。言訖捨去。造謁投子。投子問曰。子昨宿何處。師曰。在不動道場。曰既言不動曷由至此。

대사가 말하였다.

"여기까지 온 것이 어찌 움직임이겠습니까?"

"원래 숙소라는 것도 붙일 곳 없느니라."

그리하여 투자는 속으로 대사를 허락하였다.

대사가 동경(東京)에 이르니, 때마침 양소보(梁少保, 왕사)인 이자(李資)가 곧 하양 절도사(節度使)인 이한(李罕)의 형이었는데, 불경을 독실히 믿었으며 더구나 대사를 존중히 여겨 자기 집을 내놓아 절을 짓고, 관음명성(觀音明聖)이라 하여 대사에게 와서 살기를 청하였다.

주(周)의 고조(高祖)와 세종(世宗) 두 임금이 은둔할 때 항상 방장실에 와서 무릎을 꿇고 절을 하였으며, 왕위에 오른 뒤에는 특별히 자의(紫衣)를 하사하고 정계 대사(淨戒大師)라 호칭하니, 무리가 항상 수백 사람에 이르렀다.

師曰。至此豈是動耶。曰元來宿不著處。然投子默認許之。尋抵東京。會有梁少保李資[76]。即河陽節度使罕之兄也。雅信內典尤重於師。因捨宅建院曰觀音明聖。請師居之。周高祖世宗二帝潛隱時。每登方丈必施跪禮。及即位特賜紫號淨戒大師。眾常數百。

---

76) 資가 송. 원나라본에는 鄙으로 되어 있다.

건덕(乾德) 병인(丙寅) 3월에 병이 나자 문인들에게 훈계를 내리고, 화평한 얼굴로 합장한 채 입멸하니, 수명은 85세이고, 법랍은 65세였다. 그해 4월 8일에 동교(東郊)의 풍대촌(豊臺村)에 탑을 세웠다.

乾德丙寅三月示疾垂誡門人訖。怡顏合掌而滅。壽八十五。臘六十五。其年四月八日塔於東郊豐臺村。

 토끼뿔

암준 선사가 화평하게 열반을 했다 하는데, 암준 선사를 보는가, 보지 못하는가?

(말없이 있다가)

"여기까지 온 것이 어찌 움직임이겠습니까?" 암준의 말이니라.

앞의 악주(鄂州) 청평산(淸平山) 영준(令遵) 선사의 법손

기주(蘄州) 삼각산(三角山) 영규(令珪) 선사

영규 선사가 처음에 청평 화상을 뵈니, 청평이 물었다.
"무엇하러 왔는가?"
대사가 대답하였다.
"예배하러 왔습니다."
"누구에게 절을 하는가?"
"특히 화상에게 예배하렵니다."
청평이 꾸짖었다.
"이 둔한 중아."

前鄂州淸平山令遵禪師法嗣。蘄州三角山令珪禪師。初參淸平。淸平問曰。來作麼。師曰。來禮拜。曰禮拜阿誰。師曰。特來禮拜和尙。淸平咄曰。這鈍根阿師。

대사가 절을 하니, 청평이 대사의 목을 손등으로 한 번 내리쳤다.

대사가 이로부터 제자의 예로 섬겨서 종지를 비밀히 이어받았다.

대사가 주지가 된 뒤에 어떤 승려가 물었다.
"어떤 것이 부처입니까?"
대사가 말하였다.
"내일 오면 너에게 말해 주리라. 지금은 말할 수 없다."

師乃禮拜。清平於師頸上以手斫一下。師從此摳衣密領宗旨。住後僧問。如何是佛。師曰。明日來向汝道。如今道不得。

 토끼뿔

"어떤 것이 부처입니까?" 했을 때

대원은 "문을 열고 마주볼 때 이미 일러 마쳤느니라." 하리라.

색 인 표

ㄱ

가경(제9세)(24권)
가관 선사(19권)
가나제바(2권)
가문 선사(16권)
가비마라(1권)
가선 선사(26권)
가섭불(1권)
가야사다(2권)
가지 선사(10권)
가홍 선사(26권)
가훈 선사(26권)
가휴 선사(19권)
가휴(제2세)(24권)
간 선사(22권)
감지 행자(10권)
감홍 선사(15권)
강 선사(21권)
거방 선사(4권)
거회 선사(16권)
건봉 화상(17권)
계학산 화상(19권)
견숙 선사(8권)
겸 선사(20권)
경 선사(23권)
경산 감종(10권)
경산 홍인(11권)
경상(관음원)(26권)
경상(숭복원)(26권)
경소 선사(26권)
경여(제2세)(24권)
경잠 초현(10권)
경조 현자(17권)
경조미 화상(11권)
경준 선사(25권)
경진 선사(26권)
경탈 화상(22권)
경탈 화상(29권)

경통 선사(12권)
경현 선사(26권)
경혜 선사(15권)
경흔 선사(16권)
계눌 선사(21권)
계달 선사(24권)
계번 선사(19권)
계여 암주(21권)
계유 선사(23권)
계조 선사(25권)
계종 선사(24권)
계침 선사(21권)
계허 선사(10권)
고 선사(12권)
고사 화상(8권)
고정 화상(10권)
고정간선사(16권)
고제 화상(9권)
곡산 화상(23권)
곡산장 선사(16권)
곡은 화상(15권)
공기 화상(9권)
곽산 화상(11권)
관계 지한 선사(12권)
관남 장로(30권)
관음 화상(22권)
관주 나한(24권)
광 선사(14권)
광과 선사(23권)
광달 선사(25권)
광덕(제1세)(20권)
광목 선사(12권)
광법 행흠(24권)
광보 선사(13권)
광산 화상(23권)
광오 선사(22권)
광오(제4세)(17권)
광용 선사(12권)

광우 선사(24권)
광원 화상(26권)
광인 선사(15권)
광인 선사(17권)
광일 선사(20권)
광일 선사(25권)
광제 화상(20권)
광징 선사(8권)
광혜진 선사(13권)
광화 선사(20권)
괴성 선사(26권)
교 화상(12권)
교연 선사(18권)
구 화상(24권)
구나함모니불(1권)
구류손불(1권)
구마라다(2권)
구봉 도건(16권)
구봉 자혜(11권)
구산 정원(10권)
구산 화상(21권)
구종산 화상(15권)
구지 화상(11권)
굴다삼장(5권)
귀 선사(22권)
귀본 선사(19권)
귀신 선사(23권)
귀인 선사(20권)
귀정 선사(13권)
귀종 지상(7권)
규봉 종밀(13권)
근 선사(26권)
금륜 화상(22권)
금우 화상(8권)
기림 화상(10권)

ㄴ

나찬 화상(30권)

나한 화상(11권)
나한 화상(24권)
낙보 화상(30권)
남대 성(21권)
남대 화상(20권)
남악 남대(20권)
남악 회양(5권)
남원 화상(12권)
남원 화상(19권)
남전 보원(8권)
낭 선사(23권)
내 선사(22권)
녹 화상(21권)
녹수 화상(11권)
녹원 화상(13권)
녹원휘 선사(16권)
녹청 화상(15권)

ㄷ

다복 화상(11권)
단기 선사(23권)
단하 천연(14권)
달 화상(24권)
담공 화상(12권)
담권(제2세)(20권)
담명 선사(23권)
담장 선사(8권)
담조 선사(10권)
담최 선사(4권)
대각 선사(12권)
대각 화상(12권)
대동 선사(15권)
대랑 화상(23권)
대력 화상(24권)
대령 화상(17권)
대모 화상(10권)
대범 화상(20권)
대비 화상(12권)

색인표 229

색 인 표

대승산 화상(23권)
대안 선사(9권)
대양 화상(8권)
대육 선사(7권)
대의 선사(7권)
대전 화상(14권)
대주 혜해(6권)
대천 화상(14권)
덕겸 선사(23권)
덕부 스님(29권)
덕산 선감(15권)
덕산(제7세)(20권)
덕소 국사(25권)
덕해 선사(22권)
도 선사(21권)
도간(제2세)(20권)
도건 선사(23권)
도견 선사(26권)
도겸 선사(23권)
도광 선사(21권)
도단 선사(26권)
도림 선사(4권)
도명 선사(4권)
도명 선사(6권)
도부 선사(18권)
도부 대사(19권)
도상 선사(10권)
도상 선사(25권)
도수 선사(4권)
도신 대사(3권)
도연 선사(20권)
도오(관남)(11권)
도오(천황)(14권)
도원 선사(26권)
도유 선사(17권)
도은 선사(21권)
도은 선사(23권)
도웅 선사(17권)

도자 선사(26권)
도잠 선사(25권)
도전 선사(17권)
도전(제12세)(24권)
도제(제11세)(26권)
도통 선사(6권)
도한 선사(17권)
도한 선사(22권)
도행 선사(6권)
도헌 선사(12권)
도흠 선사(25권)
도흠 선사(4권)
도흠(제2세)(24권)
도희 선사(21권)
도희 선사(22권)
동계 화상(20권)
동봉 암주(12권)
동산 양개(15권)
동산혜 화상(9권)
동선 화상(19권)
동안 화상(8권)
동안 화상(16권)
동정 화상(23권)
동천산 화상(20권)
동탑 화상(12권)
둔유 선사(17권)
득일 선사(21권)
등등 화상(30권)

ㄹ

라후라다(2권)

ㅁ

마나라(2권)
마명 대사(1권)
마조 도일(6권)
마하가섭(1권)
만 선사(22권)

만세 화상(9권)
만세 화상(12권)
명 선사(17권)
명 선사(22권)
명 선사(23권)
명교 선사(22권)
명달소안(제4세)(26)권
명법 대사(21권)
명변 대사(22권)
명식 대사(22권)
명오 대사(22권)
명원 선사(21권)
명진 대사(19권)
명진 선사(21권)
명철 선사(7권)
명철 선사(14권)
명혜 대사(24권)
명혜 선사(22권)
모 화상(17권)
자사진조(12권)
몽계 화상(8권)
몽필 화상(19권)
묘공 대사(21권)
묘과 대사(21권)
무등 선사(7권)
무료 선사(8권)
무업 선사(8권)
무염 대사(12권)
무원 화상(15권)
무은 선사(17권)
무일 선사(24권)
무주 선사(4권)
무휴 선사(20권)
문 화상(22권)
문수 선사(17권)
문수 선사(25권)
문수 화상(16권)
문수 화상(20권)

문습 선사(24권)
문언 선사(19권)
문의 선사(21권)
문익 선사(24권)
문흠 선사(22권)
문희 선사(12권)
미령 화상(12권)
미령 화상(8권)
미선사(제2세)(23권)
미차가(1권)
미창 화상(12권)
미창 화상(14권)
민덕 화상(12권)

ㅂ

바사사다(2권)
바수밀(1권)
바수반두(2권)
박암 화상(17권)
반산 화상(15권)
반야다라(2권)
방온 거사(8권)
배도 선사(30권)
배휴(12권)
백거이(10권)
백곡 화상(23권)
백령 화상(8권)
백수사화상(16권)
백운 화상(24권)
백운약 선사(15권)
범 선사(20권)
범 선사(23권)
법건 선사(26권)
법괴 선사(26권)
법단 대사(11권)
법달 선사(5권)
법등 태흠(30권)
법만 선사(13권)

색 인 표

법보 선사(22권)
법상 선사(7권)
법운 대사(22권)
법운공(27권)
법응 선사(4권)
법의 선사(20권)
법제 선사(23권)
법제(제2세)(26권)
법지 선사(4권)
법진 선사(11권)
법해 선사(5권)
법현 선사(24권)
법회 선사(6권)
변륭 선사(26권)
변실(제2세)(26권)
보 선사(22권)
보개산 화상(17권)
보개약 선사(16권)
보광 혜심(24권)
보광 화상(14권)
보리달마(3권)
보만 대사(17권)
보명 대사(19권)
보문 대사(19권)
보봉 신당(17권)
보봉 화상(15권)
보수 화상(12권)
보수소 화상(12권)
보승 선사(24권)
보안 선사(9권)
보운 선사(7권)
보응 화상(12권)
보적 선사(7권)
보지 선사(27권)
보철 선사(7권)
보초 선사(24권)
보화 화상(10권)
보화 화상(24권)

복계 화상(8권)
복룡산(제1세)(17권)
복룡산(제2세)(17권)
복룡산(제3세)(17권)
복림 선사(13권)
복분 암주(12권)
복선 화상(26권)
복수 화상(13권)
복타밀다(1권)
본계 화상(8권)
본동 화상(14권)
본선 선사(26권)
본인 선사(17권)
본정 선사(5권)
봉 선사(11권)
봉 화상(23권)
봉린 선사(20권)
부강 화상(11권)
부나야사(1권)
부배 화상(8권)
부석 화상(11권)
불암휘 선사(12권)
불여밀다(2권)
불오 화상(8권)
불일 화상(20권)
불타 화상(14권)
불타난제(1권)
붕언 대사(26권)
비 선사(20권)
비구니 요연(11권)
비마암 화상(10권)
비바시불(1권)
비사부불(1권)
비수 화상(8권)
비전복 화상(16권)

ㅅ

사 선사(23권)

사건 선사(17권)
사구 선사(26권)
사귀 선사(22권)
사내 선사(19권)
사눌 선사(21권)
사명 선사(12권)
사명 화상((15권)
사밀 선사(23권)
사보 선사(23권)
사선 화상(16권)
사야다(2권)
사언 선사(17권)
사욱 선사(18권)
사위 선사(20권)
사자 존자(2권)
사정 상좌(21권)
사조 선사(10권)
사지 선사(26권)
사진 선사(22권)
사해 선사(11권)
사호 선사(26권)
삼상 화상(20권)
삼성 혜연(12권)
삼양 암주(12권)
상 선사(22권)
상 화상(22권)
상각 선사(24권)
상관 선사(9권)
상나화수(1권)
상전 화상(26권)
상진 선사(23권)
상찰 선사(17권)
상통 선사(11권)
상혜 선사(21권)
상홍 선사(7권)
서 선사(19권)
서류 선사(25권)
서목 화상(11권)

서선 화상(10권)
서선 화상(20권)
서암 화상(17권)
석가모니불(1권)
석경 화상(23권)
석구 화상(8권)
석두 희천(14권)
석루 화상(14권)
석림 화상(8권)
석상 경제(15권)
석상 대선(8권)
석상 성공(9권)
석상휘 선사(16권)
석제 화상(11권)
석주 화상(16권)
선각 선사(8권)
선도 선사(20권)
선도 화상(14권)
선미(제3세)(26권)
선본 선사(17권)
선상 대사(22권)
선소 선사(13권)
선소 선사(24권)
선자 덕성(14권)
선장 선사(17권)
선정 선사(20권)
선천 화상(14권)
선쳐 선사 (12권)
선혜 대사(27권)
설봉 의존(16권)
성공 선사(14권)
성선사(제3세)(20권)
성수엄 선사(17권)
소 화상(22권)
소계 화상(30권)
소명 선사(26권)
소산 화상(30권)
소수 선사(24권)

색 인 표

소암 선사(25권)
소요 화상(8권)
소원(제4세)(24권)
소자 선사(23권)
소종 선사(12권)
소진 대사(12권)
소현 선사(25권)
송산 화상(8권)
수 선사(24권)
수계 화상(8권)
수공 화상(14권)
수눌 선사(19권)
수눌 선사(26권)
수당 화상(8권)
수로 화상(8권)
수룡산 화상(21권)
수륙 화상(12권)
수빈 선사(21권)
수산 성념(13권)
수안 선사(24권)
수월 대사(21권)
수유산 화상(10권)
수인 선사(25권)
수진 선사(24권)
수청 선사(22권)
순지 대사(12권)
숭 선사(22권)
숭교 대사(23권)
숭산 화상(10권)
숭은 화상(16권)
숭진 화상(23권)
숭혜 선사(4권)
습득(27권)
승 화상(23권)
승가 화상(27권)
승가난제(2권)
승광 화상(11권)
승나 선사(3권)

승둔 선사(26권)
승밀 선사(15권)
승일 선사(16권)
승찬 대사(3권)
시기불(1권)
시리 선사(14권)
신건 선사(11권)
신당 선사(17권)
신라 청원(17권)
신록 선사(23권)
신수 선사(4권)
신안 국사(18권)
신장 선사(8권)
신찬 선사(9권)
실성 대사(22권)
심 선사(23권)
심철 선사(20권)
쌍계전도자(12권)

ㅇ

아난 존자(1권)
악록산 화상(22권)
안선사(제1세)(20권)
암 화상(20권)
암두 전활(16권)
암준 선사(15권)
앙산 혜적(11권)
애 선사(23권)
약산 유엄(14권)
약산(제7세)(23권)
약산고 사미(14권)
양 선사(6권)
양 좌주(8권)
양광 선사(25권)
양수 선사(9권)
언단 선사(22권)
언빈 선사(20권)
엄양 존자(11권)

여눌 선사(15권)
여만 선사(6권)
여민 선사(11권)
여보 선사(12권)
여신 선사(22권)
여체 선사(19권)
여회 선사(7권)
역촌 화상(12권)
연 선사(21권)
연관 선사(24권)
연교 대사(12권)
연규 선사(25권)
연덕 선사(26권)
연무 선사(17권)
연수 선사(26권)
연수 화상(23권)
연승 선사(26권)
연종 선사(19권)
연화(제2세)(23권)
연화상(제2세)(23권)
영 선사(19권)
영가 현각(5권)
영각 화상(20권)
영감 선사(26권)
영감 화상(23권)
영관사(12권)
영광 선사(24권)
영규 선사(15권)
영도 선사(5권)
영명 대사(18권)
영묵 선사(7권)
영서 화상(13권)
영숭(제1세)(23권)
영안(제5세)(26권)
영암 화상(23권)
영엄 선사(23권)
영운 지근(11권)
영준 선사(15권)

영초 선사(16권)
영태 화상(19권)
영평 선사(23권)
영함 선사(21권)
영훈 선사(10권)
오공 대사(23권)
오공 선사(24권)
오구 화상(8권)
오운 화상(30권)
오통 대사(23권)
온선사(제1세)(20권)
와관 화상(16권)
와룡 화상(17권)
와룡 화상(20권)
왕경초상시(11권)
요 화상(23권)
요각(제2세)(21권)
요공 대사(21권)
요산 화상(11권)
요종 대사(21권)
용 선사(20권)
용수 존자(1권)
용계 화상(20권)
용광 화상(20권)
용담 숭신(14권)
용산 화상(8권)
용아 거둔(17권)
용운대 선사(9권)
용준산 화상(17권)
용천 화상(23권)
용청 선사(26권)
용혈산 화상(23권)
용회 도심(30권)
용홍 화상(17권)
우녕 선사(26권)
우두미 선사(15권)
우바국다(1권)
우섬 선사(26권)

색 인 표

우안 선사(26권)	유장 선사(20권)	자광 화상(23권)	조산 본적(17권)
우연 선사(21권)	유정 선사(4권)	자국 화상(16권)	조수(제2세)(24권)
우연 선사(22권)	유정 선사(6권)	자동 화상(11권)	조주 종심(10권)
우진 선사(26권)	유정 선사(9권)	자만 선사(6권)	존수 선사(16권)
운개 지한(17권)	유척 선사(4권)	자복 화상(22권)	종괴 선사(21권)
운개경 화상(17권)	육긍 대부(10권)	자재 선사(7권)	종귀 선사(22권)
운산 화상(12권)	육통원소선사(17권)	자화 선사(22권)	종랑 선사(11권)
운암 담성(14권)	윤 선사(22권)	장 선사(20권)	종범 선사(17권)
운주 화상(20권)	윤 스님(29권)	장 선사(23권)	종선 선사(24권)
운진 선사(23권)	은미 선사(23권)	장경 혜릉(18권)	종성 선사(23권)
원 선사(22권)	은봉 선사(8권)	장용 선사(22권)	종습 선사(19권)
원 화상(23권)	옹천 화상(11권)	장이 선사(10권)	종실 선사(23권)
원광 선사(23권)	의능(제9세)(26권)	장평산 화상(12권)	종의 선사(26권)
원규 선사(4권)	의륭 선사(26권)	적조 선사(21권)	종일 선사(21권)
원명 선사(11권)	의소 화상(23권)	전긍 선사(26권)	종일 선사(26권)
원명(제3세)(23권)	의안 선사(14권)	전법 화상(23권)	종전 선사(19권)
원명(제9세)(22권)	의원 선사(26권)	전부 선사(12권)	종정 선사(19권)
원소 선사(26권)	의유(제13세)(26권)	전식 선사(4권)	종지 선사(20권)
원안 선사(16권)	의인 선사(23권)	전심 대사(21권)	종철 선사(12권)
원엄 선사(19권)	의전 선사(26권)	전은 선사(24권)	종현 선사(25권)
원제 선사(26권)	의초 선사(12권)	전초 선사(20권)	종혜 대사(23권)
원조 대사(23권)	의총 선사(22권)	정 선사(21권)	종효 선사(21권)
원지 선사(14권)	의충 선사(14권)	정과 선사(20권)	종흔 선사(21권)
원지 선사(21권)	이산 화상(8권)	정수 대사(22권)	주 선사(24권)
월륜 선사(16권)	이종 선사(10권)	정수 선사(13권)	주지 선사(21권)
월화 화상(24권)	인 선사(19권)	정오 대사(21권)	준 선사(24권)
위 선사(20권)	인 선사(22권)	정오 선사(20권)	준고 선사(15권)
위국도 선사(9권)	인 화상(23권)	정원 화상(23권)	중도 화상(20권)
위부 화엄(30권)	인검 선사(4권)	정조 혜동(26권)	중만 선사(23권)
위산 영우(9권)	인종 화상(5권)	정혜 선사(24권)	중운개 화상(16권)
유 선사(24권)	인혜 대사(18권)	정혜 화상(21권)	중흥 선사(15권)
유 화상(24권)	일용 화상(11권)	제 선사(25권)	증각 선사(23권)
유건 선사(6권)	일자 화상(10권)	제다가(1권)	증선사(제2세)(20권)
유경 선사(29권)	임전 화상(19권)	제봉 화상(8권)	지 선사(4권)
유계 화상(15권)	임제 의현(12권)	제안 선사(7권)	지견 선사(6권)
유관 선사(7권)	임천 화상(22권)	제안 화상(10권)	지관 화상(12권)
유연 선사(17권)		조 선사(9권)	지구 선사(22권)
유원 화상(8권)	ㅈ	조 선사(22권)	지균 선사(25권)

색 인 표

지근 선사(26권)
지단 선사(22권)
지덕 대사(21권)
지도 선사(5권)
지륜 선사(24권)
지묵(제2세)(22권)
지봉 대사(26권)
지봉 선사(4권)
지부 선사(18권)
지상 선사(5권)
지성 선사(5권)
지암 선사(4권)
지엄 선사(24권)
지옹(제3세)(24권)
지원 선사(16권)
지원 선사(17권)
지원 선사(21권)
지위 선사(4권)
지은 선사(24권)
지의 대사(25권)
지의 선사(27권)
지의 화상(12권)
지장 선사(7권)
지장 화상(24권)
지적 선사(22권)
지조(제3세)(23권)
지진 선사(9권)
지징 대사(26권)
지철 선사(5권)
지통 선사(10권)
지통 선사(5권)
지행(제2세)(23권)
지황 선사(5권)
지휘 선사(20권)
진 선사(20권)
진 선사(23권)
진 존숙(12권)
진각 대사(18권)

진각 대사(24권)
진감(제4세)(23권)
진랑 선사(14권)
진응 선사(13권)
진적 선사(21권)
진적 선사(23권)
진화상(제3세)(23권)
징 선사(22권)
징 화상(24권)
징개 선사(24권)
징원 선사(22권)
징정 선사(21권)
징조 대사(15권)

ㅊ

찰 선사(29권)
창선사(제3세)(20권)
책진 선사(25권)
처미 선사(9권)
처진 선사(20권)
천개유 선사(16권)
천룡 화상(10권)
천복 화상(15권)
천왕원 화상(20권)
천태 화상(17권)
청간 선사(12권)
청교 선사(23권)
청면(제2세)(23권)
청모 선사(24권)
청법 선사(21권)
청석 선사(25권)
청양 선사(13권)
청요 선사(23권)
청용 선사(25권)
청욱 선사(26권)
청원 화상(17권)
청원 행사(5권)

청좌산 화상(20권)
청진 선사(23권)
청품(제8세)(23권)
청해 선사(23권)
청해 선사(24권)
청호 선사(21권)
청환 선사(21권)
청활 선사(22권)
초 선사(20권)
초남 선사(12권)
초당 화상(8권)
초복 화상(15권)
초오 선사(19권)
초증 대사(18권)
초훈(제4세)(24권)
총인 선사(7권)
추산 화상(17권)
충언(제8세)(23권)
취미 무학(14권)
칙천 화상(8권)
침 선사(22권)

ㅌ

타지 화상(8권)
태원부 상좌(19권)
태흠 선사(25권)
통 선사(17권)
통 선사(19권)
통법 도성(26권)
통변 도홍(26권)
통화상(제2세)(24권)
투자 감온(15권)

ㅍ

파조타 화상(4권)
파초 화상(16권)
파초 화상(20권)

포대 화상(27권)
풍 선사(23권)
풍간 선사(27권)
풍덕사 화상(12권)
풍혈 연소(13권)
풍화 화상(20권)

ㅎ

하택 신회(5권)
학륵나(2권)
학림 선사(4권)
한 선사(10권)
한산자(27권)
함계 선사(17권)
함광 선사(24권)
함택 선사(21권)
항마장 선사(4권)
해안 선사(16권)
해호 화상(16권)
행랑 선사(23권)
행명 대사(26권)
행수 선사(17권)
행숭 선사(22권)
행애 선사(23권)
행언 도사(25권)
행인 선사(23권)
행전 선사(20권)
행주 선사(19권)
행충(제1세)(23권)
향 거사(3권)
향성 화상(20권)
향엄 지한(11권)
향엄의단선사(10권)
헌 선사(20권)
현눌 선사(19권)
현량 선사(24권)
현밀 선사(23권)
현사 사비(18권)

색 인 표

현소 선사(4권)
현오 선사(20권)
현정 대사(4권)
현지 선사(24권)
현진 선사(10권)
현책 선사(5권)
현천언 선사(17권)
현천(제2세)(23권)
현칙 선사(25권)
현태 상좌(16권)
현통 선사(18권)
협 존자(1권)
협산 선회(15권)
혜 선사(20권)
혜 선사(22권)
혜 선사(23권)
혜가 대사(3권)
혜각 대사(21권)
혜각 선사(11권)
혜거 국사(25권)
혜거 선사(20권)
혜거 선사(26권)
혜공 선사(16권)
혜광 대사(23권)
혜능 대사(5권)
혜달 선사(26권)
혜랑 선사(14권)
혜랑 선사(21권)
혜랑 선사(26권)
혜렴 선사(22권)
혜륜 대사(22권)
혜만 선사(3권)
혜명 선사(25권)
혜방 선사(4권)
혜사 선사(27권)
혜성 선사(14권)
혜성(제14세)(26권)
혜안 국사(4권)

혜오 선사(21권)
혜원 선사(25권)
혜월법단(제3세)(26권)
혜일 대사(11권)
혜장 선사(6권)
혜제 선사(25권)
혜종 선사(17권)
혜철(제2세)(23권)
혜청 선사(12권)
혜초 선사(9권)
혜충 국사(5권)
혜충 선사(4권)
혜충 선사(23권)
혜하 대사(20권)
혜해 선사(20권)
호감 대사(22권)
호계 암주(12권)
홍구 선사(12권)
홍나 화상(8권)
홍변 선사(9권)
홍엄 선사(21권)
홍은 선사(6권)
홍인 대사(3권)
홍인 선사(22권)
홍장(제4세)(23권)
홍제 선사(23권)
홍진 선사(24권)
홍천 선사(16권)
홍통 선사(20권)
화룡 화상(23권)
화림 화상(14권)
화산 화상(17권)
화엄 화상(20권)
환보 선사(16권)
환중 선사(9권)
황룡(제2세)(26권)
황벽 희운(9권)
회기 대사(23권)

회악 선사(18권)
회악(제4세)(20권)
회우 선사(16권)
회운 선사(7권)
회운 선사(20권)
회정 선사(9권)
회주 선사(23권)
회초(제2세)(23권)
회충 선사(16권)
회통 선사(4권)
회해 선사(6권)
횡룡 화상(23권)
효료 선사(5권)
효영(제5세)(26권)
효오 대사(21권)
후 화상(22권)
후동산 화상(20권)
후초경 화상(22권)
휴정 선사(17권)
흑간 화상(8권)
흑수 화상(24권)
흑안 화상(8권)
흥고 선사(23권)
흥법 대사(18권)
흥평 화상(8권)
흥화 존장(12권)
희변 선사(26권)
희봉 선사(25권)
희원 선사(26권)

부록은 농선 대원 선사님의 인가 내력과 법어 그리고 대원 선사님께서 직접 작사하신 노래 가사를 실었다. 특히 요즘 선지식 없이 공부하는 이들을 위하여 수행의 길로부터 불보살님의 누림까지 닦아 증득할 수 있도록 '부록4'에 '가슴으로 부르는 불심의 노래' 가사를 담았으니 끝까지 정독하여 수행의 요긴한 지침이 되기를 바란다.

부 록

부록1 농선 대원 선사님 인가 내력 239

부록2 농선 대원 선사님 법어 247

부록3 21세기에 인류가 해야 할 일 263

부록4 가슴으로 부르는 불심의 노래 267

농선 대원 선사님 인가 내력

제 1 오도송

이 몸을 끄는 놈 이 무슨 물건인가?
골똘히 생각한 지 서너 해 되던 때에
쉬이하고 불어온 솔바람 한 소리에
홀연히 대장부의 큰 일을 마치었네

무엇이 하늘이고 무엇이 땅이런가
이 몸이 청정하여 이러-히 가없어라
안팎 중간 없는 데서 이러-히 응하니
취하고 버림이란 애당초 없다네

하루 온종일 시간이 다하도록
헤아리고 분별한 그 모든 생각들이
옛 부처 나기 전의 오묘한 소식임을
듣고서 의심 않고 믿을 이 누구인가!

此身運轉是何物
疑端汨沒三夏來
松頭吹風其一聲
忽然大事一時了

何謂靑天何謂地
當體淸淨無邊外
無內外中應如是
小分取捨全然無

一日於十有二時
悉皆思量之分別
古佛未生前消息
聞者卽信不疑誰

대원 선사님의 스승이신 불조정맥 제77조 조계종(曹溪宗) 전강(田岡) 대선사님께서 1962년 대구 동화사의 조실로 계실 당시 대원 선사님께서도 동화사에 함께 머무르고 계셨다.
　하루는 전강 대선사님께서 대원 선사님의 3연으로 되어 있는 제1오도송을 들어 깨달은 바는 분명하나 대개 오도송은 짧게 짓는다고 말씀하셨다. 이에 대원 선사님께서는 제1오도송을 읊은 뒤, 도솔암을 떠나 김제들을 지나다가 석양의 해와 달을 보고 문득 읊었던 제2오도송을 일러드렸다.

　　제 2 오도송

　해는 서산 달은 동산 덩실하게 얹혀 있고
　김제의 평야에는 가을빛이 가득하네
　대천이란 이름자도 서지를 못하는데
　석양의 마을길엔 사람들 오고 가네

　日月兩嶺載同模
　金提平野滿秋色
　不立大千之名字
　夕陽道路人去來

제2오도송을 들으신 전강 대선사님께서는 이에 그치지 않고 그와 같은 경지를 담은 게송을 이 자리에서 즉시 한 수 지어볼 수 있겠냐고 하셨다. 대원 선사님께서는 곧바로 다음과 같이 읊으셨다.

　바위 위에는 솔바람이 있고
　산 아래에는 황조가 날도다

대천도 흔적조차 없는데
달밤에 원숭이가 어지러이 우는구나

岩上在松風
山下飛黃鳥
大千無痕迹
月夜亂猿啼

전강 대선사님께서는 위 송의 앞의 두 구를 들으실 때만 해도 지그시 눈을 감고 계시다가 뒤의 두 구를 마저 채우자 문득 눈을 뜨고 기뻐하는 빛이 역력하셨다.

그러나 전강 대선사님께서는 여기에서도 그치지 않고 다시 한 번 물으셨다.

"대중들이 자네를 산으로 불러내어 그 중에 법성(향곡 스님 법제자인 진제 스님. 동화사 선방에 있을 당시에 '법성'이라 불렸고, 나중에 '법원'으로 개명하였다.)이 달마불식(達磨不識) 도리를 일러보라 했을 때 '드러났다'라고 답했다는데, 만약에 자네가 당시의 양무제였다면 '모르오'라고 이르고 있는 달마 대사에게 어떻게 했겠는가?"

대원 선사님께서 답하셨다.

"제가 양무제였다면 '성인이라 함도 서지 못하나 이러-히 짐의 덕화와 함께 어우러짐이 더욱 좋지 않겠습니까?' 하며 달마 대사의 손을 잡아 일으켰을 것입니다."

전강 대선사님께서 탄복하며 말씀하셨다.

"어느새 그 경지에 이르렀는가?"

"이르렀다곤들 어찌하며, 갖추었다곤들 어찌하며, 본래라곤들 어찌하리까? 오직 이러-할 뿐인데 말입니다."

대원 선사님께서 연이어 말씀하시자 전강 대선사님께서 이에 환희하시니 두 분이 어우러진 자리가 백아가 종자기를 만난 듯, 고수명창 어울리듯 화기애애하셨다.

달마불식 공안에 대한 위의 문답은 내력이 있는 것이다. 전강 대선사님께서 대원선사님을 부르시기 며칠 전에, 저녁 입선 시간 중에 노장님 몇 분만이 자리에 앉아있을 뿐 자리가 텅텅 비어 있었다고 한다.

대원 선사님께서 이상히 여기고 있던 중, 밖에서 한 젊은 수좌가 대원선사님을 불렀다. 그 수좌의 말이 스님들이 모두 윗산에 모여 기다리고 있으니 가자고 하기에 무슨 일인가 하고 따라가셨다.

그러자 그 자리에 있던 법성 스님이 보자마자 달마불식 법문을 들고 이르라고 하기에 지체없이 답하셨다.

"드러났다."

곁에 계시던 송암 스님께서 또 안수정등 법문을 들고 물으셨다.

"여기서 어떻게 살아나겠소?"

대뜸 큰소리로 이르셨다.

"안·수·정·등."

이에 좌우에 모인 스님들이 함구무언(緘口無言)인지라 대원 선사님께서는 먼저 그 자리를 떠나 내려와 버리셨다.

그 다음날 입승인 명허 스님께서 아침 공양이 끝난 자리에서 지난 밤 입선시간 중에 무단으로 자리를 비운 까닭을 묻는 대중 공사를 붙여 산 중에서 있었던 일들이 낱낱이 드러나고 말았다. 그리하여 입선시간

중에 자리를 비운 스님들은 가사 장삼을 수하고 조실인 전강 대선사님께 참회의 절을 했던 일이 있었다.

전강 대선사님께서는 이때에 대원 선사님께서 달마불식 도리에 대해 일렀던 경지를 점검하셨던 것이다.

이런 철저한 검증의 자리가 있었던 다음 날, 전강 대선사님께서 부르시기에 대원 선사님께서 가보니 모든 것이 약조된 데에서 주지인 월산(月山) 스님께서 입회해 계셨으며 전강 대선사님께서는 곧바로 다음과 같이 전법게(傳法偈)를 전해주셨다.

　　　전 법 게

부처와 조사도 일찍이 전한 것이 아니거늘
나 또한 어찌 받았다 하며 준다 할 것인가
이 법이 2천년대에 이르러서
널리 천하 사람을 제도하리라

佛祖未曾傳
我亦何受授
此法二千年
廣度天下人

덧붙여 이 일은 월산 스님이 증인이며 2000년까지 세 사람 모두 절대 다른 사람이 알게 하거나 눈에 띄게 하지 않아야 한다고 당부하셨다.

만약 그러지 않을 시에는 대원 선사님께서 법을 펴 나가는데 장애가 있을 것이라고 예언하셨다. 또한 각별히 신변을 조심하라 하시고 월산 스님에게 명령해 대원선사님을 동화사의 포교당인 보현사에 내려가 교화에 힘쓰게 하셨다.

대원 선사님께서 보현사로 떠나는 날, 전강 대선사님께서는 미리 적어두셨던 부송(付頌)을 주셨으니 다음과 같다.

부 송

어상을 내리지 않고 이러-히 대한다 함이여
뒷날 돌아이가 구멍 없는 피리를 불리니
이로부터 불법이 천하에 가득하리라

不下御床對如是
後日石兒吹無孔
自此佛法滿天下

위의 게송에서 '어상을 내리지 않고 이러-히 대한다 함이여'라는 첫째 줄 역시 내력이 있는 구절이다.

전에 대원 선사님께서 전강 대선사님을 군산 은적사에서 모시고 계실 당시 마당에서 홀연히 마주쳤을 때 다음과 같은 문답이 있었다.

전강 대선사님께서 물으셨다.

"공적(空寂)의 영지(靈知)를 이르게."

대원 선사님께서 대답하셨다.

"이러-히 스님과 대담(對談)합니다."
"영지의 공적을 이르게."
"스님과의 대담에 이러-합니다."
"어떤 것이 이러-히 대담하는 경지인가?"
"명왕(明王)은 어상(御床)을 내리지 않고 천하 일에 밝습니다."
위와 같은 문답 중에 대원 선사님께서 답하신 경지를 부송의 첫째 줄에 담으신 것이다.

전강 대선사님께서 대원선사님을 인가(印可)하신 과정을 볼 때 한 번, 두 번, 세 번을 확인하여 철저히 점검하신 명안종사의 안목에 탄복하지 않을 수 없으며 이에 끝까지 1초의 머뭇거림도 없이 명철하셨던 대원선사님께 찬탄하지 않을 수 없다.
그리하여 법열로 어우러진 두 분의 자리가 재현된 듯 함께 환희용약하지 않을 수 없다.

이제 전강 대선사님과 약속한 2천년대를 맞이하였으므로 여기에 전법게를 밝힌다.
이로써 경허, 만공, 전강 대선사님으로 내려온 근대 대선지식의 정법의 횃불이 이 시대에 이어져 전강 대선사님의 예언대로 불법이 천하에 가득할 것이다.

농선 대원 선사님 법어

　깨달음은 실증실수다. 그러나 지금의 불교가 잘못된 견해와 지식으로 불조의 가르침을 왜곡하고 견성성불 하고자 애쓰는 수행인들을 오히려 길을 잃고 헤매게 하고 있다.

　그래서 이 장에서는 대원 선사님의 혜안으로 제방에서 논의되는 불교의 핵심적인 대목을 밝혀, 불조의 근본 종지를 드러내고 불교가 나아가야 할 바를 보였다.

　깨달음의 정수를 담은 12게송은 실제 깨닫지 못하고 말로만 깨달음을 말하거나 혹은 깨달았다 해도 보림이 미진한 이들을 경계하게 하며 실증의 바탕에서 닦아 증득할 수 있도록 하였으니, 생사를 결단하고 본연한 참나를 회복하려는 이들에게 칠흑 같은 밤길에 등불과 같은 길잡이가 될 것이다.

개유불성

부처님께서 분명히 준동함령 개유불성(蠢動含靈 皆有佛性)이라고 하셨다. 이것은 모든 만물이 다 부처가 될 성품을 갖고 있다는 뜻이다. 불성이 하나라고 주장하는 목소리가 불교계에 드높으나 이것은 개유불성 즉, 낱낱이 제 불성은 제가 지니고 있다는 부처님의 말씀을 정면으로 어기는 말이다.

옛 선사님 말씀에 '천지(天地)가 여아동근(與我同根)이고 만물(万物)이 여아일체(與我一切)'라고 했다. '천지가 여아동근이다'라는 것은 하늘 땅이 나와 더불어 같은 뿌리라는 말이다.
  '나와 더불어'라고 했고 또한 한 뿌리가 아니라 같은 뿌리라고 했다. '더불 여(與)'자와 '같을 동(同)'자가 이미 하나라 할 수 없다는 것을 말해주고 있다. 즉 이 말은 하나와도 같다, 한결같이 똑같다는 말이다. 하나라면 '같을 동'자 뿐만 아니라 일이란 글자도 설 수 없다. 일은 이가 있을 때에야 비로소 설 수 있는 것이다.
  그러므로 '천지가 여아동근이다' 즉 하늘과 땅이 나와 더불어 같은 뿌리라는 것은 모든 것이 한결같이 가없는 성품 자체에서 비롯되었다는 말이다.
  또한 '만물이 여아일체이다' 즉 만물이 나와 더불어 한 몸이라는 말에서 일체란 하나의 몸을 말하는 것이 아니라 모든 불성이 가없는 성품 자체로 서로 상즉한 온통인 몸을 말하는 것이어서 만물이 나와 더불어 상즉한 자체를 말한 것이다.

공부를 많이 한 사람이 외도에 깊이 떨어지는 경우가 있다. 인가를 받지 못한 선지식들이 모두 체성을 보지 못한 이는 아니다. 가없는 성품 자체에 사무치고 보니 도저히 둘일 수가 없으므로 불성이 하나라고 한 것이다. 그러나 불성이 하나라고 하는 것은 바른 깨달음이 아니다. 그래서 인가를 받지 않으면 외도라 하는 것이다. 체성에 사무쳤다 해도 스승의 지도를 받아 일체종지를 이루지 못하면 이런 큰 허물을 짓는 것이다.

만약 불성이 하나라고 하는 이가 있으면 "아픈 것을 느끼는 것이 몸뚱이냐, 자성이냐?"라고 물어야 한다. 그러면 당연히 누구나 자성이라고 답할 것이다. 만약 몸뚱이가 아픔을 느끼는 것이라면 시체도 아픔을 느껴야 하기 때문이다. 이렇게 볼 때에 자성이 하나라면 누군가 아플 때 동시에 모두 아픔을 느껴야 할 것이다. 또한 한 사람이 생각을 일으킬 때 이를 모두 알아야 한다. 불성이 하나라면 마음도 하나여서 다른 마음이 있을 수 없기 때문이다.

돈오돈수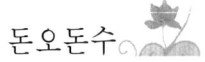

제방에 돈오돈수(頓悟頓修)에 대한 여러 가지 서로 다른 주장으로 시비가 끊어지지 않고 있다. 이로 인해 수행자들이 견성하면 더 이상 닦을 것이 없다는 그릇된 견해에 집착하거나 의심을 일으킬까 염려하여 여기에 바른 돈오돈수의 이치를 밝히고자 한다.

견성이 곧 돈오돈수라고 하는 분들이 많다.
그러나 견성이 곧 구경지인 성불이라면 돈오면 그만이지 돈수란 말은 왜 해놓았겠는가?
또한 오후보림(悟後保任)이라는 말은 무슨 말인가.

금강경에는 네 가지 상(我相, 人相, 衆生相, 壽者相)만 여의면 곧 중생이 아니라는 말이 수없이 되풀이되고 있다.
그런데 제구 일상무상분(第九 一相無相分)을 볼 때 다툼이 없는(곧 모든 상을 여읜) 삼매인(三昧人) 가운데 제일인 아라한도 구경지가 아니니 보살도를 닦아 등각을 거쳐야 구경성불인 묘각지에 이른다는 사실을 알 수 있다.
또한, 제이십삼 정심행선분(第二十三 淨心行善分)을 보면 부처님께서 "아도 없고, 인도 없고, 중생도 없고, 수자도 없는 가운데 모든 선법(善法)을 닦아야 곧 아뇩다라삼먁삼보리를 얻는다."라고 말씀하시고 있으니 이것은 다름이 아니라 견성한 후에 견성을 한 지혜로써 항상 체성을 여의지 않고, 남은 업을 모두 닦아 본래 갖춘 지혜덕상을 원만하게 회복시켜야 구경성불할 수 있다는 말씀이다.

그렇다면 어째서 돈수일까?
'돈'이란 시공이 설 수 없는 찰나요, '수'란 시간과 공간 속에서 닦는 것이다.
단박에 마친다면 '돈'이면 그만이고, 견성 이전이든 이후든 닦음이 있다면 '수'라고만 할 것이지 어째서 돈과 수가 함께 할 수 있을까? 그야말로 물의 차고 더움은 그 물을 마셔본 자만이 알듯이 깨달은 사람만이 알 것이다.

사무쳐 깨닫고 보니 시공이 서지 않아 이러-히 닦아도 닦음이 없으니 네 가지 상이 없는 가운데 모든 선법을 닦는 것이요, 단박에 깨달으니 색공(色空)이 설 수 없어 이러-한 경지에서 닦음 없이 닦으니 네 가지 상이 없는 가운데 모든 선법을 닦는 것이다.
이와 같이 깨달아서 깨달은 바 없고, 닦아서는 닦은 바 없이 닦아, 남음이 없는 구경지인 성불에 이르는 과정을 돈오돈수라 한다.

견성하면 마음 이외의 다른 물건이 없는 경지인데 어떻게 닦음이 있을 수 있는가 하고 의심하는 분들이 많다. 그러나 견성했다 해도 헤아릴 수 없는 겁 동안에 길들여온 업으로 인하여 경계를 대하면 깨달아 사무친 바와 늘 일치하지는 못한다.

그래서 견성한 지혜로써 항상 체성을 여의지 않고 억겁에 익혀온 업을 제거하고 지혜 덕상을 원만하게 회복시켜야 구경성불할 수 있다.

이것이 앞에서 밝혔듯 금강경에서 부처님께서 하신 말씀이요, 돈오돈수를 주창한 당사자인 육조 대사님께서 하신 말씀이다.

육조단경 돈황본 이십칠 상대법편과 이십팔 참됨과 거짓을 보면 육조 대사님께서 당신의 설법언하에 대오하고도 슬하에서 3, 40년간 보림한 십대 제자들을 모아놓고 말씀하신다.

"내가 떠난 뒤에 너희들은 각각 일방의 지도자가 될 것이다. 그러므로 내가 너희들에게 설법하는 것을 가르쳐서 근본종지를 잃지 않도록 해주리라. 나오고 들어감에 곧 양변을 여의도록 하라." 하시고 삼과(三科)의 법문과 삼십육대법(三十六對法)을 설하셨다.

뿐만 아니라 2, 3개월 후 다시 십대 제자들을 모아놓고 "8월이 되면 세상을 떠나고자 하니 너희들은 의심이 있거든 빨리 물어라. 내가 떠난 뒤에는 너희들을 가르쳐 줄 사람이 없다." 하시며 진가동정게(眞假動靜偈)를 설하시고 외워 가져 수행하여 종지를 잃지 않도록 하라고 거듭 당부를 하시고 있다.

이것을 보아서도 이 사람이 말한 돈오돈수와 육조 대사께서 말씀하신 돈오돈수가 같다는 것을 알 수 있을 것이다.

다시 한 번 밝히자면 돈오란 자신의 체성을 단박에 깨닫는 것이요, 돈수란 깨달은 체성의 지혜로써 닦음 없이 닦는 것으로 이것이 곧 오후 보림이며, 수행자들이 퇴전하지 않고 구경성불할 수 있는 바른 수행의 길이다.

다음은 전등록 제 9권에서 추출한 것이다.

"돈오(頓悟)한 사람도 닦아야 합니까?"

"만일 참되게 깨달아 근본을 얻으면 그대가 스스로 알게 될 것이니 닦는다, 닦지 않는다 하는 것은 두 가지의 말일 뿐이다. 처음으로 발심한 사람들이 비록 인연에 따라 한 생각에 본래의 이치를 단박에 깨달았으나 아직도 비롯함이 없는 여러 겁의 습기(習氣)는 단박에 없어지지 않으므로, 그것을 깨끗이 하기 위하여 현재의 업과 의식의 흐름을 차츰차츰 없애야 하나니 이것이 닦는 것이다. 그것에 따로이 수행하게 하는 법이 있다고 말하지 마라.

들음으로 진리에 들고, 진리를 들고 묘함이 깊어지면 마음이 스스로 두렷이 밝아져서 미혹한 경지에 머무르지 않으리라. 비록 백천 가지 묘한 이치로써 당대를 휩쓴다 하여도 이는 자리에 앉아서 옷을 입었다가 다시 벗는 것으로써 살림을 삼는 것이니, 요약해서 말하면 실제 진리의 바탕에는 한 티끌도 받아들이지 않지만 만행을 닦는 부문에서는 한 법도 버리지 않느니라. 만일 깨달았다는 생각마저 단번에 자르면 범부니 성인이니 하는 생각이 다하여, 참되고 항상한 본체가 드러나 진리와 현실이 둘이 아니어서 여여한 부처이니라."

"무엇이 돈오(頓悟)이며, 무엇을 점수(漸修)라 합니까?"

"자기의 성품이 부처와 똑같다는 것은 단박에 깨달았으나 비롯함이 없는 옛적부터의 습관은 단박에 제거할 수 없으므로 차츰 물리쳐서 성품에 따라 작용을 일으켜야 하니, 마치 사람이 밥을 먹을 때에 첫술에 배가 부르지 않는 것과 같다."

희비송(喜悲頌)

이름도 없고 상도 없는 일 없는 사람이
태평의 노래를 흥에 취해 불렀더니
때도 없고 끝도 없는 구제의 일이
대천세계에 충만히 펼쳐졌네

無名無相無事人
太平之歌唱興醉
無時無端救濟事
大千世界布充滿

정신송(正信頌)

이름도 없고 상도 없는 이 바탕인 몸이여
이 바탕을 깨달은 믿음이라야 이 바른 믿음이라
이와 같은 믿음이 없이는 마음이 나라 말라
눈 광명이 땅에 떨어질 때 한이 만단이나 되리라

無名無相是地體
悟地之信是正信
若無是信莫心我
眼光落地恨萬端

진심송(眞心頌)

이름도 없고 상도 없는 이 진공이여
공이라는 공은 공이라 함마저도 없는 이 참 바탕이라
이와 같은 바탕이라야 이 공인 몸이니
이와 같은 몸이 아니면 참다운 마음이 아니니라

無名無相是眞空
空空無空是眞地
如是之地是空體
如是非體非眞心

업신송(業身頌)

업의 몸이란 것은 고통의 근본이요
업의 마음이란 것은 환란의 근본이니라
업의 행이란 것은 다툼의 근본이요
업의 일이란 것은 허망의 근본이니라

業身乃苦痛之本
業心乃患亂之本
業行乃鬪爭之本
業事乃虛妄之本

보림송(保任頌) 1

업의 몸을 다스리는 데는 계행이 최상이요
업의 마음을 다스리는 데는 인내가 최상이니라
계행과 인내로 잘 다스리면 보림이 순조롭고
보림이 잘 이루어지면 구경에 이르느니라

治業身之戒最上
治業心之忍最上
善治戒忍順保任
善成保任至究竟

보림송(保任頌) 2

육신의 욕망은 하나까지라도 모두 버려야 하고
육신을 향한 생각은 남음이 없이 버려야 하느니라
이와 같이 보림하면 업이 중한 사람일지라도
당생에 반드시 구경지를 성취하리라

肉身欲望捨都一
肉身向思捨無餘
如是保任重業人
當生必成究竟地

공성본질송(空性本質頌) 1

무극인 빈 성품의 본래 몸은
언어나 마음과 행위로 표현 못 하나
모든 부처님과 만물이 이로 좇아 생겼으며
궁극에 일체가 돌아가 의지할 곳이니라

無極空性之本體
言語道斷滅心行
諸佛萬物從此生
窮極一切歸依處

공성본질송(空性本質頌) 2

혼연한 빈 바탕을 이름해서 무아라 하고
무아의 다른 이름이 이 무극이니라
유정 무정이 이로 좇아 생겼으며
궁극에 일체가 돌아가 의지할 곳이니라

渾然空地名無我
無我異名是無極
有情無情從此生
窮極一切歸依處

공성본질송(空性本質頌) 3

이러-히 밝게 사무친 것을 이름해서 견성이라 하고
이 바탕에 밝게 사무쳐야 바르게 깨달은 사람이니
도를 닦는 사람은 반드시 명심해서
각자 관조하여 그릇 깨달음이 없어야 하느니라

如是明徹名見性
是地明徹正悟人
修道之人必銘心
各者觀照無非悟

21세기에 인류가 해야 할 일

　이 사람은 1962년 26세 때부터 21세기에 인류에게 닥칠 공해문제, 에너지문제를 예견하고 대체에너지(무한원동기, 태양력, 파력, 풍력 등) 개발과 '울 안의 농법'을 연구하고 그 필요성을 많은 이들에게 이야기해 왔습니다.

　당시에는 너무 시대를 앞서가는 이야기여서인지 일반인들이 수용하지 못하고 오히려 불신의 눈으로 바라보며 이 사람의 법마저 의심하였습니다. 하지만 현대에 있어서는 이것이 인류가 해결해야 할 가장 절박한 사안이 되어 있습니다.

　'사막화방지 국제연대'를 설립한 것도 현재 인류가 해결해야 할 가장 절박한 지구환경문제를 이슈화시키고 그 해결책을 제시하여 재앙에 직면한 지구촌을 살리기 위해서입니다.

　'사막화방지 국제연대'에서 추진하고 있는 사막화 방지, 지구 초원

화, 대체에너지 개발은 온 인류가 발 벗고 나서서 해야 할 일입니다.

첫 번째 사막화 방지에 있어서 기존에 해왔던 '나무심기 사업'은 천문학적인 예산과 많은 인력을 동원하고도 극도로 황폐한 사막화된 환경을 되살리는 데 실패하였습니다.

그래서 이 사람은 사막화 방지에 있어서는 '사막 해수로 사업'을 새로운 방안으로 제시하였습니다.

사막 해수로 사업은 사막화된 지역에 수도관을 매설하여 바닷물을 끌어들여서 염분에 강한 식물을 중심으로 자연생태계를 복원하는 사업입니다.

이것은 나무심기 사업으로 심은 나무들이 절대적으로 물이 부족하여 생존할 수 없었던 문제를 해결할 수 있는, 현재로서는 유일한 해결책입니다.

그러나 '사막화방지 국제연대'의 목적은 사막이 확장되는 것을 방지하자는 것이지 사막 전체를 완전히 없애자는 것은 아닙니다. 인체에서 심장이 모든 피를 전신의 구석구석까지 골고루 보내어 살아서 활동하게 하듯이 사막은 오히려 지구의 심장 역할을 하는 중요한 곳이기 때문입니다.

그래서 21세기에 있어서는 다만 사막의 확장을 방지할 뿐 아니라 사막을 어떻게 운용하느냐를 연구해야 합니다.

사막에 바둑판처럼 사방이 막힌 플륨관 수로를 설치하여 동, 서, 남, 북 어느 방향의 수로를 얼마만큼 채우느냐 비우느냐에 따라, 사막으로부터 사방 어느 방향으로든 거리까지 조절하여, 원하는 지역에 비를 내리게 하고 그치게 할 수 있습니다. 철저히 과학적인 데이터에 의해 이렇게 사막을 운용함으로써 21세기의 지구를 풍요로운 낙원시대로 만들어가야 합니다.

  두 번째로 지구를 초원화할 수 있는 방안으로 3년간의 실험을 통해, 광활한 황무지 지역을 큰 비용을 들이거나 많은 인력을 동원하지 않고도 짧은 시간 내에 초지로 바꿀 수 있는 식물을 찾아냈습니다.

  그것은 바로 '돌나물'입니다. 돌나물은 따로 종자를 심을 필요가 없이 헬리콥터나 비행기로 살포해도 생존, 번식할 수 있으며, 추위와 더위, 황폐한 땅에서도 살아남을 수 있는 생명력과 번식력이 강한 식물입니다.

  지구환경을 되살리는 초지조성 사업에 있어서 이것이 큰 도움이 되리라 생각합니다.

  세 번째의 대체에너지 개발에 있어서는 태양력, 파력, 풍력 등 1962년도부터 이 사람이 연구하고 얘기해왔던 방법들이 이미 많이 개발되어 실용화한 단계에 있습니다.

  이 세 가지 일은 한 개인이나 한 국가가 할 수 있는 일이 아닙니다. 모든 국가가 앞장서서 전세계적인 사업으로 이루어져야 합니다. 모든 국가가 함께 하는 기금조성이 이루어져야 하고 기금조성에 참여한 국가는 이 시스템에 의한 전면적인 혜택을 입을 수 있도록 해야 합니다.

  인류 모두가 지혜를 모아 이 일에 전력을 다한다면 인류는 유사 이래 가장 좋은 시절을 맞이하게 될 것이며, 만약 이 일을 남의 일인 양 외면한다면 극한의 재앙을 면할 수 없을 것입니다.

  이 사람이 오래 전부터 얘기해왔던 '울 안의 농법'은 이미 미국 라스베이거스(Las Vegas)에서 30층짜리 '고층 빌딩 농장'으로 구현되었습니다. 그렇게 크게도 운영될 수 있지만 각자 자신의 집에서 이루어지는 '울 안의 농법'도 필요합니다.

21세기에 있어서 또 하나 인류가 만일의 사태를 대비해서 연구, 추진해야 될 일이 있다면 바닷속에서의 수중생활, 수중경작입니다.

지구 온난화가 심화될 경우, 공기가 너무 많이 오염될 경우, 바닷물이 높아져 살 땅이 좁아질 경우 등에 대비할 때, 인류는 우주에서의 삶보다는 바닷속에서의 삶을 준비해야 합니다. 왜냐하면 그것이 훨씬 수월하고 비용도 절감할 수 있기 때문입니다.

이렇게 깨달은 이는 이변적으로는 깨달음을 얻게 하여 영생불멸의 삶을 영위할 수 있도록 만인을 이끌어야 하며 사변적으로는 일반인이 예측할 수 없는 백 년, 천 년 앞을 내다보아 이를 미리 앞서 대비하도록 만인의 삶을 이끌어줘야 한다고 생각합니다.

불법의 뜻은 다만 진리 전수에만 있는 것이 아니니, 만인이 서로 함께 영원한 극락을 누릴 때까지 물심양면으로, 이사일여로 베풀어 교화해야 하기 때문입니다.

가슴으로 부르는 불심의 노래

　여기에 실린 가사는 모두 농선 대원 선사님께서 직접 작사하신 것이다. 수행의 길로 들어서게끔 신심, 발심을 북돋아주는 가사로부터 수행의 길로 접어든 이의 구도의 몸부림이 담겨있는 가사, 대승의 원력을 발해서 교화하는 보살의 자비심과 함께 낙원세계를 누리는 풍류를 그려놓은 가사까지 한마디, 한마디가 생생하여 그 뜻이 뼛속 깊이 새겨지고 그 멋에 흠뻑 취하게 된다. 농선 대원 선사님께서는 거칠고 말초적인 요즘의 노래를 듣고 이러한 정서를 순화시키고자, 또한 수행의 마음을 진작시키고자 하는 뜻에서 이 가사들을 쓰셨다.

 그래야지

1.
마음으로 물질로써
갖가지로 베푸는 것
생활화한 국민되어
이뤄내는 국가되세
그래야지 그래야지
얼씨구나 좀 더 좋다

그런 이웃 그런 나라
이뤄내서 사노라면
모든 나라 따르리니
그리되면 지상낙원
그래야지 그래야지
얼씨구나 좀 더 좋다

별중의 별 될 것이니
선조의 뜻 이룸이라
후손으로 할 일 해낸
자부심이 치솟누나
그래야지 그래야지
얼씨구나 좀 더 좋다

얼씨구야 절씨구야
좀 더 좋고 좀 더 좋다
얼씨구야 절씨구야
좀 더 좋고 좀 더 좋다

아리랑 아리랑 아라리요
아리랑 고개를 넘어간다

2.
그래야지 그래야지
혼자 삶이 아닌 세상
웬만하면 넘어가는
아량으로 살아가세
그래야지 그래야지
얼씨구나 좀 더 좋다

부딪히면 틀어져서
소통의 길 막히나니
그러므로 눈 감아줘
참는 것이 상책일세
그래야지 그래야지
얼씨구나 좀 더 좋다

걸린 생각 비워내서
한결같이 사노라면
복이되어 돌아옴을
실감할 날 있을 걸세
그래야지 그래야지
좀 더 좋고 좀 더 좋다

얼씨구야 절씨구야
좀 더 좋고 좀 더 좋다
얼씨구야 절씨구야
좀 더 좋고 좀 더 좋다

아리랑 아리랑 아라리요
아리랑 고개를 넘어간다

 마음

1.
시작도 없는 마음
끝남도 없는 마음

온통으로 드러나
언제나 같이 있어

어떤 것도 가릴 수
전혀 없는 그 마음

고고하고 당당한
영원한 마음일세

아리랑 아리랑 아라리요
아리랑 고개를 넘어간다
청천 하늘에 잔별도 많고
요내 가슴에는 희망도 많다

2.
모두를 마음으로
시도를 뭐든 해봐

안되는 일 없어서
사는 데 불편없고

하고프면 하면 돼
뜻 펼치는 삶이니

즐겁고도 즐거운
누리는 삶이로세

아리랑 아리랑 아라리요
아리랑 고개를 넘어간다
청천 하늘에 잔별도 많고
요내 가슴에는 희망도 많다

사는게 아리랑 고개

1.
이 마음이 내가 되니
나고 죽음 본래 없고
이리 보고 저리 봐도
허공까지 내 몸일세
신기하고 신기하다
신기하고 신기해

이 마음이 내가 되니
안 되는 일 전혀 없어
잡된 생각 사라지고
두려움도 없어졌네
신기하고 신기하다
신기하고 신기해

이 마음이 내가 되니
끝이 없이 자유롭고
잠 못 이룬 괴로움과
공황장애 흔적 없네
신기하고 신기하다
신기하고 신기해

아리랑 아리랑
아라리오
아리랑 고개를 넘어왔다

2.
이 마음이 내가 되니
맘 먹은 일 순조롭고
살아가는 나날들이
마음광명 누림일세
신기하고 신기하다
신기하고 신기해

이 마음이 내가 되니
마음광명 누림이라
나날들이 평화롭고
자신감이 넘쳐나네
신기하고 신기하다
신기하고 신기해

이 마음이 내가 되니
대인관계 순조로와
일일마다 즐거움고
웃음꽃이 피어나네
신기하고 신기하다
신기하고 신기해

아리랑 아리랑
아라리오
아리랑 고개를 넘어왔다

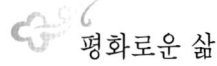 평화로운 삶

1.
이 몸을 나로 아는
하나의 실수로서
우주가 생긴 이래

얼마나 많은 고통
겪어들 왔었던가
치떨린 일이로세

뭘 해야 그 반복을
금생에 끊어버려
그 고통 벗어날까

생각코 생각하니
그 해결 내게 있네
마음이 나 된걸세

아리랑 아리랑 아라리요
아리랑 고개를 넘어간다
청천 하늘엔 잔별도 많고
이내 가슴엔 희망도 많다

2.
마음이 내가 되면
그 어떤 것이라도
더 이상 필요찮고

마음이 내가 되면
미묘한 갖은 공덕
스스로 갖춰 있고

마음이 내가 되면
그 모든 근심 걱정
씻은 듯 사라지고

마음이 내가 되면
이 생과 저 세상이
당초에 없는 걸세

아리랑 아리랑 아라리요
아리랑 고개를 넘어간다
청천 하늘엔 잔별도 많고
이내 가슴엔 희망도 많다

3.
마음이 내가 되면
어제와 내일 일을
눈 앞 일 알 듯하고

마음이 내가 되면
신분이 관계 없이
서로가 평등하며

마음이 내가 되면
모든 일 뜻을 따라
원만히 이뤄지고

마음이 내가 되면
걸림이 없는 그 삶
저절로 이뤄지네

아리랑 아리랑 아라리요
아리랑 고개를 넘어간다
청천 하늘엔 잔별도 많고
이내 가슴엔 희망도 많다

도서출판 문젠(Moonzen Press)의 책들

출간 도서

- 바로보인 전등록 전 5권
- 바로보인 무문관
- 바로보인 벽암록
- 바로보인 천부경 · 교화경 · 치화경
- 바로보인 금강경
- 세월을 북채로 세상을 북삼아
- 영원한 현실
- 바로보인 신심명
- 바로보인 환단고기 전 5권
- 바로보인 선문염송 전 30권
- 앞뜰에 국화꽃 곱고 북산에 첫눈 희다
- 바로보인 증도가
- 바로보인 반야심경
- 선을 묻는 그대에게 1 · 2
- 바로보인 선가귀감
- 바로보인 법융선사 심명
- 주머니 속의 심경
- 바로보인 법성게
- 달다 -전강 대선사 법어집
- 기우목동가
- 초발심자경문
- 방거사어록
- 실증설
- 하택신회대사 현종기
- 불조정맥 - 한 · 영 · 중 3개국어판
- 바른 불자가 됩시다
- 누구나 궁금한 33가지
- 108진참회문 - 한 · 영 · 중 3개국어판
- 달마의 일할도 허락지 않는다
- 마음대로 앉아 죽고 서서 죽고
- 화두 3개국어판 - 한 · 영 · 중
- 바로보인 간당론
- 완전한 우리말 불공예식법
- 바로보인 유마경
- 실증설 5개국어판 - 한 · 영 · 불 · 서 · 중
- 누구나 궁금한 33가지 3개국어판 - 한 · 영 · 중
- 달마의 일할도 허락지 않는다 3개국어판 - 한 · 영 · 중
- 법성게 3개국어판 - 한 · 영 · 중
- 정법의 원류
- 바로보인 도가귀감
- 바로보인 유가귀감
- 화엄경 81권
- 바로보인 전등록 전 30권

출간예정 도서

- 바로보인 능엄경 제6권
- 바로보인 원각경
- 바로보인 육조단경
- 바로보인 대전화상주 심경
- 바로보인 위앙록
- 해동전등록 전 10권
- 말 밖의 말
- 언어의 향기
- 농선 대원 선사 선송집
- 진리와 과학의 만남
- 바로보인 5대 종교
- 금강경 야부송과 대원선사 토끼뿔
- 선재동자 참알 오십삼선지식
- 경봉선사 혜암선사 법을 들어 설하다
- 십현담 주해
- 불교대전
- 태고보우선사 어록

1. 바로보인 전등록 (전30권을 5권으로)

7불과 역대 조사의 말씀이 1,700공안으로 집대성되어 있는 선종 최고의 고전으로, 깨달음의 정수가 살아 숨쉬도록 새롭게 번역되었다.
464, 464, 472, 448, 432쪽.
각권 18,000원

2. 바로보인 무문관

황룡 무문 혜개 선사가 저술한 공안집으로 전등록, 선문염송, 벽암록 등과 함께 손꼽히는 선문의 명저이다. 본칙 48개와 무문 선사의 평창과 송, 여기에 역저자인 대원선사의 도움말과 시송으로 생명과 같은 선문의 진수를 맛보여 주고 있다.
272쪽. 12,000원

3. 바로보인 벽암록

설두 선사의 설두송고를 원오 극근 선사가 수행자에게 제창한 것이 벽암록이다.
이 책은 본칙과 설두 선사의 송, 대원선사의 도움말과 시송으로 이루어져, 벽암록을 오늘에 맞게 바로 보이고 있다.
456쪽. 15,000원

4. 바로보인 천부경

우리 민족 최고(最古)의 경전 천부경을 깨달음의 책으로 새롭게 바로 보였다. 이 책에는 81권의 화엄경을 81자에 함축한 듯한 천부경과, 교화경, 치화경의 내용이 함께 담겨 있으며, 역저자인 대원선사가 도움말, 토끼뿔, 거북털 등으로 손쉽게 닦아 증득하는 문을 열어 놓고 있다.
432쪽. 15,000원

5. 바로보인 금강경

대원선사의 『바로보인 금강경』은 국내 최초로 독창적인 과목을 내어 부처님과 수보리 존자의 대화 이면의 숨은 뜻을 드러내고, 자문과 시송으로 본문의 핵심을 꿰뚫어 밝혀, 금강경 전체를 손바닥 안의 겨자씨를 보듯 설파하고 있다.
488쪽. 15,000원

6. 세월을 북채로 세상을 북삼아

대원선사의 선시가 담긴 선시화집 『세월을 북채로 세상을 북삼아』는 선과 시와 그림이 정상에서 만나 어우러진 한바탕이다.
선의 세계를 누리는 불가사의한 일상의 노래, 법열의 환희로 취한 어깨춤과 같은 선시가 생생하고 눈부시게 내면의 소리로 흐른다.
180쪽. 15,000원

7. 영원한 현실

애매모호한 구석이 없이 밝고 명쾌하여, 너무도 분명함에 오히려 그 깊이를 헤아리기 어려운, 대원선사의 주옥같은 법문을 모아 놓은 법문집이다.
400쪽. 15,000원

8. 바로보인 신심명

신심명은 양끝을 들어 양끝을 쓸어버리는, 40대치법으로 이루어진, 3조 승찬 대사의 게송이다. 이를 대원선사가 바로 번역하는 것은 물론, 주해, 게송, 법문을 더해 통쾌하게 회통하고 자유자재 농한 것이 이 『바로보인 신심명』이다.
296쪽. 10,000원

9. 바로보인 환단고기 (전5권)

『바로보인 환단고기』 1권은 민족정신의 정수인 환단고기의 진리를 총정리하여 출간하였다. 2권에는 역사총론과 태초에서 배달국까지 역사가 실려 있으며, 3권은 단군조선, 4권은 북부여에서부터 고려까지의 역사가 실려 있다. 5권에는 역사를 증명하는 부록과 함께 환단고기 원문을 실었다. 344 · 368 · 264 · 352 · 344쪽. 각권 12,000원

10. 바로보인 선문염송 (전30권)

선문염송은 세계최대의 공안집이다. 전 공안을 망라하다시피 했기에 불조의 법 쓰는 바를 손바닥 들여다보듯 하지 않고는 제대로 번역할 수 없다. 대원선사는 전 공안을 바로 참구할 수 있게끔 번역하고 각 칙마다 일러보였다. 352 368 344 352 360 360 400 440 376 392 384 428 410 380 368 434 400 404 406 440 424 460 472 456 504 528 488 488 480 512쪽. 각권 15,000원

11. 앞뜰에 국화꽃 곱고 북산에 첫눈 희다

대원선사의 선문답집으로 전강 · 경봉 · 숭산 · 묵산 선사와의 명쾌한 문답을 실었으며, 중앙일보의 〈한국불교의 큰스님 선문답〉 열 분의 기사와 기자의 질문에 대한 대원선사의 별답을 함께 실었다.
200쪽. 5,000원

12. 바로보인 증도가

선종사에 사라지지 않을 발자취로 남은 영가 선사의 증도가를 대원선사가 번역하고 법문과 송을 더하였다. 자비의 방편인 증도가의 말씀을 하나하나 쳐가는 선사의 일갈이야말로 영가 선사의 본 의중과 일치하여 부합하는 것이라 아니할 수 없다.
376쪽. 10,000원

13. 바로보인 반야심경

이 시대의 야부(冶父)선사, 대원선사가 최초로 반야심경에 과목을 붙여 반야심경 내면에 흐르는 뜻을 밀밀하게 밝혀놓고 거침없는 송으로 들어보였다.
264쪽. 10,000원

14. 선(禪)을 묻는 그대에게 (전10권 중 2권)

대원선사의 선수행에 대한 문답집.

깨달아 사무친 경지에 대한 밀밀한 점검과, 오후보림에 대한 구체적인 수행법 제시와, 최초의 무명과 우주생성의 원리까지 낱낱이 설한 법문이 담겨 있다.
280쪽, 272쪽. 각권 15,000원

15. 바로보인 선가귀감

선가귀감은 깨닫고 닦아가는 비법이 고스란히 전수되어 있는 선가의 거울이라 할 만하다. 더욱이 바로보인 선가귀감은 매 소절마다 대원선사의 시송이 화살을 과녁에 적중시키듯 역대 조사와 서산대사의 의중을 꿰뚫어 보석처럼 빛나고 있다.
352쪽. 15,000원

16. 바로보인 법융선사 심명

심명 99절의 한 소절, 한 소절이 이름 그대로 마음에 새겨두어야 할 자비광명들이다.
이 심명은 언어와 문자이면서 언어와 문자를 초월한 일상을 영위하게 하는 주옥같은 법문이다.
278쪽. 12,000원

17. 주머니 속의 심경

반야심경은 부처님이 설하신 경 중에서도 절제된 경으로 으뜸가는 경이다. 대원선사의 선송(禪頌)도 그 뜻을 따라 간략하나 선의 풍미를 한껏 담고 있다. 하루에 한 소절씩을 읽고 참구한다면 선 수행의 지름길이 될 것이다.
 84쪽. 5,000원

18. 바로보인 법성게

법성게는 한마디로 화엄경의 핵심부를 온통 훤출히 드러내놓은 게송이다. 짧은 글 속에 일체의 법을 이렇게 통렬하게 담아놓은 법문도 드물 것이다.
이렇게 함축된 법성게 법문을 대원선사가 속속들이 밀밀하게 설해놓았다.
176쪽. 10,000원

19. 달다 - 전강 대선사 법어집

이제는 전설이 된 한국 근대선의 거목인 전강 선사님의 최상승법과 예리한 지혜, 선기로 넘쳤던 삶이 생생하게 담겨 있는 전강 대선사 법어집〈달다〉!
전강 대선사님의 인가 제자인 대원선사가 전강 대선사님의 법거량과 법문, 일화를 재조명하여 보였다.
368쪽. 15,000원

20. 기우목동가

그 뜻이 심오하여 번역하기 어려웠던 말계 지은 선사의 기우목동가!
대원선사가 바른 뜻이 드러나도록 번역하고, 간결한 결문과 주옥같은 선송으로 다시 보였다.
 146쪽. 10,000원

21. 초발심자경문

이 초발심자경문은 한문을 새기는 힘인 문리를 터득하게 하기 위하여 일부러 의역하지 않고 직역하였다.
대원선사의 살아있는 수행지침도 실려 있다.
266쪽. 10,000원

22. 방거사어록

방거사어록은 선의 일상, 선의 누림을 보여주는 대표적인 선문이다. 역저자인 대원선사는 방거사어록의 문답을 '본연의 바탕에서 꽃피우는 일상의 함'이라 말하고 있다. 법의 흔적마저 없는 문답의 경지를 온전하게 드러내 놓은 번역과, 방거사와 호흡을 함께 하는 듯한 '토끼뿔'이 실려 있다.
306쪽. 15,000원

23. 실증설

이 책은 대원선사가 2010년 2월 14일 구정을 맞이하여 불자들에게 불법의 참뜻을 보이기 위해 홀연히 펜을 들어 일시에 써내려간 법문을 모태로 하였다. 실증한 이가 아니고는 설파할 수 없는 성품의 이치를 자문자답과 사제간의 문답을 통해 1, 2, 3부로 나눠 실증하여 보이고 있다.
224쪽. 10,000원

24. 하택신회대사 현종기

육조대사의 법이 중국천하에 우뚝하도록 한 장본인, 하택신회대사의 현종기. 세간에 지해종도(知解宗徒)로 알려져 있는 편견을 불식시키는 뛰어난 깨달음의 경지가 여기에 담겨있다. 대원선사가 하택신회대사의 실경지를 드러내고 바로보임으로써 빛냈다.
232쪽. 10,000원

25. 불조정맥 - 韓·英·中 3개국어판

석가모니불로부터 현 78대에 이르기까지 불조정맥진영(佛祖正脈眞影)과 정맥전법게(正脈傳法偈)를 온전하게 갖춘 최초의 불조정맥서. 대원선사가 다년간 수집, 정리하여 기도와 관조 끝에 완성한『불조정맥』을 3개 국어로 완역하였다.
216쪽. 20,000원

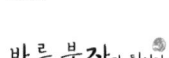

26. 바른 불자가 됩시다

참된 발심을 하여 바른 신앙, 바른 수행을 하고자 해도, 그 기준을 알지 못해 방황하는 불자님들을 위해 불법의 바른 길잡이 역할을 하도록 대원선사가 집필하여 출간하였다.
162쪽. 10,000원

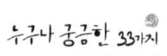

27. 누구나 궁금한 33가지

21세기의 인류를 위해 모든 이들이 가장 어렵고 궁금해 하는 문제, 삶과 죽음, 종교와 진리에 대한 바른 지표를 제시하고자 대원선사가 집필하여 출간하였다.
180쪽. 10,000원

28. 108진참회문 - 韓·英·中 3개국어판

전생의 모든 악연들이 사라져 장애가 없어지고, 소망하는 삶을 살게 하기 위해 대원선사가 10계를 위주로 구성한 108 항목의 참회문이다. 한 대목마다 1배를 하여 108배를 실천할 것을 권한다.
170쪽. 15,000원

29. 달마의 일할도 허락지 않는다

대원선사의 짧고 명쾌한 법문집.
책을 잡는 순간 달마의 일할도 허락지 않는 선기와 맞닥뜨리게 될 것이다. 때로는 하늘을 찌를 듯한 기세와, 때로는 흔적 없는 공기와도 같은 향기를 일별하기를…
190쪽. 10,000원

30. 마음대로 앉아 죽고 서서 죽고

생사를 자재한 분들의 앉아서 열반하고 서서 열반한 내력은 물론 그분들의 생애와 법까지 일목요연하게 수록해놓았다.
446쪽. 15,000원

31. 화두 3개국어판 - 韓·英·中

『화두』는 대원선사의 평생 선문답의 결정판이다. 생생하게 살아있는 선(禪)을 한·영·중 3개국어로 만날 수 있다. 특히 대원선사의 짧은 일대기가 실려 있어 그 선풍을 음미하는 데에 큰 도움을 주고 있다.
440쪽. 15,000원

32. 바로보인 간당론

법문하는 이가 법리를 모르고 주장자를 치는 것을 눈먼 주장자라 한다. 법좌에 올라 주장자 쓰는 이들을 위해서 대원선사가 간당론에서 선리(禪理)만을 취하여 『바로보인 간당론』을 출간하였다.
218쪽. 20,000원

33. 완전한 우리말 불공예식법

부처님께 공양을 올리고 불보살님의 가피를 구하는 예법 등을 총칭하여 불공예식법이라 한다. 대원선사가 이러한 불공예식의 본뜻을 살려서 완전한 우리말본 불공예식법을 출간하였다.
456쪽. 38,000원

34. 바로보인 유마경

유마경은 불법의 최정점을 찍는 경전이라 할 것이니, 불보살님이 교화하는 경지에서의 깨달음의 실경과 신통자재한 방편행을 보여주는 최상승 경전이다. 대원선사가 〈대원선사 토끼뿔〉로 이 유마경에 걸맞는 최상승법을 이 시대에 다시금 드날렸다.
568쪽. 20,000원

35. 실증설
5개국어판 - 韓·英·佛·西·中

대원선사가 불법의 참뜻을 보이기 위해 홀연히 펜을 들어 일시에 써내려간 실증설! 실증한 이가 아니고는 설파할 수 없는 도리로 가득한 이 책이 드디어 영어, 불어, 스페인어, 중국어를 더하여 5개국어로 편찬되었다.
860쪽. 25,000원

36. 누구나 궁금한 33가지
3개국어판 - 韓·英·中

누구라도 풀어야 할 숙제인 33가지의 의문에 대한 답을 21세기의 현대인에게 맞는 비유와 언어로 되살린 『누구나 궁금한 33가지』가 한글, 영어, 중국어 3개국어로 출간되었다.
408쪽. 15,000원

37. 달마의 일할도 허락지 않는다
3개국어판 - 韓·英·中

대원선사의 짧고 명쾌한 법문집인 『달마의 일할도 허락지 않는다』가 한글, 영어, 중국어 3개국어로 출간되었다. 전세계에서 유일하게 활선의 가풍이 이어지고 있는 한국, 그 가운데에서도 불조의 정맥을 이은 대원선사가 살활자재한 법문을 세계로 전하고 있는 책이다.
308쪽. 15,000원

38. 화엄경 (전81권)

대원선사는 선문염송 30권, 전등록 30권을 모두 역해하여 세계 최초로 1,463칙 전 공안에 착어하였다. 이러한 안목으로 대천세계를 손바닥의 겨자씨 들여다보듯 하신 불보살님들의 지혜와 신통으로 누리는 불가사의한 화엄세계를 열어 보였다.
220쪽. 각권 15,000원

39. 법성게 3개국어판 - 韓·英·中

법성게는 한마디로 화엄경의 핵심부를 훤출히 드러내 놓은 게송으로 짧은 글 속에 일체 법을 고스란히 담아 놓았다. 대원선사의 통쾌한 법성게 법문이 한영중 3개국어로 출간되었다.
376쪽. 15,000원

40. 정법의 원류

『정법의 원류』는 불조정맥을 이은 정맥선원의 소개서이다. 정맥선원은 불조정맥 제77조 조계종 전강 대선사의 인가 제자인 대원 전법선사가 주재하는 도량이다. 『정법의 원류』를 통해 정맥선원 대원선사의 정맥을 이은 법과 지도방편을 만날 수 있다.
444쪽. 20,000원

41. 바로보인 도가귀감

도가귀감은, 온통인 마음[一物]을 밝혀 회복함으로써, 생사를 비롯한 모든 아픔과 고를 여의어, 뜻과 같이 누려서 살게 하고자 한 도교의 뜻을, 서산대사가 밝혀놓은 책이다. 대원선사가 부록으로 도덕경의 중대한 대목을 더하고, 그 대목대목마다 결문(決文)하였다.
218쪽. 12,000원

42. 바로보인 유가귀감

유가귀감은 서산대사가 간추려놓은 구절로서, 간결하지만 심오하기 그지없으니, 간략한 구절 속에서 유교 사상을 미루어볼 수 있게 하였다. 대원선사가 그 뜻이 잘 드러나게 번역하고 그 대목대목마다 결문(決文)하였다.
236쪽. 15,000원

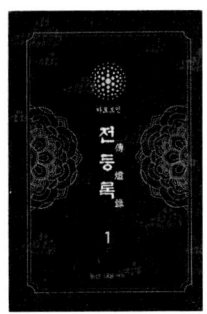

43. 바로보인 전등록 (전30권)

7불로부터 52세대까지 1,701명 선지식의 깨달음의 진수가 담긴 전등록 30권에 농선 대원 선사가 선리(禪理)의 토끼뿔을 더해 닦아 증득하는데 도움이 되도록 하였다.
288쪽. 각권 15,000원

농선 대원 선사 법문 mp3 주문 판매

* 천부경 : 15,000원
* 신심명 : 30,000원
* 현종기 : 65,000원
* 기우목동가 : 75,000원
* 반야심경 : 1회당 5,000원 (총 32회)
* 선가귀감 : 1회당 5,000원 (총 80회)
* 금강경 : 40,000원
* 법성게 : 10,000원
* 법융선사 심명 : 100,000원

농선 대원 선사 작사 CD 주문 판매

* 가슴으로 부르는 불심의 노래 1,2,3집
  각 : 1만 5천원
* 유튜브에서 채널 구독하시고 무료로 찬불가 앨범을 감상하세요

주문 문의 ☎ 031-534-3373

유튜브에서 채널 구독하시고
무료로 찬불가 앨범을 감상하세요

유튜브에서 MOONZEN을 검색하시거나
아래의 주소로 접속해주세요

http://www.youtube.com/user/officialMOONZEN